EDIÇÃO COLORIDA

MÁRIO MASCARENHAS

Para PIANO (facilitado)

Velhas canções de minha infância

Nº Cat.: 108-A

Irmãos Vitale Editores Ltda.
vitale.com.br
Rua Raposo Tavares, 85 São Paulo SP
CEP: 04704-110 editora@vitale.com.br Tel.: 11 5081-9499

© Copyright 1956 by Irmãos Vitale Editores Ltda. - São Paulo - Rio de Janeiro - Brasil.
Todos os direitos autorais reservados para todos os países. *All rights reserved.*

Dados Internacionais de Catalogação na Publicação (CIP)
(Câmara Brasileira do Livro, SP, Brasil)

Mascarenhas, Mário
  Velhas canções de minha infância : para piano (facilitado) / Mário Mascarenhas. -- 13. ed. -- São Paulo : Irmãos Vitale, 1999.

ISBN: 85-7407-057-2
ISBN: 978-85-7407-057-5

1. Canções infantis 2. Piano - Estudo e ensino I. Título.

99-1571   CDD-786.207

Índices para catálogo sistemático:
1. Canções infantis : Piano : Estudo e ensino
   786.207

Na Capa:	Talita Lobo Coelho de Sampaio
	Luiz Arthur da Silva Peres
Foto:	Marconi
Desenho:	Buth

PREFÁCIO

A idealização deste maravilhoso conjunto de músicas folclóricas tem diversos motivos para que sua realização se tornasse possível.

Se bem que o número de cantigas de nossa infância seja imenso, as escolhidas para este livro são realmente as mais favoritas e mais conhecidas.

Admiráveis são os compêndios existentes sobre nosso folclore, elaborados por eminentes autores, conhecedores profundos da matéria; porém, trazem somente as melodias com suas letras sobrepostas.

Os professores necessitam dessas canções adaptadas para piano, de fácil execução para seus pequeninos alunos. As peças já existentes são maravilhosamente harmonizadas, mas são difíceis de executar.

Aceitando a idéia, realizei esta obra, procurando facilitar, com critério e sem tirar o sabor folclórico de nossas inesquecíveis canções. Confesso que não foi fácil: é difícil simplificar, conservando a beleza! O dedilhado e os acordes foram idealizados para mãos pequeninas e para adultos principiantes.

No acompanhamento não foram colocadas notas afastadas, nem acordes de muitos sons. Quando aparecem síncopes na mão direita já o acompanhamento na mão esquerda é somente com acordes no 1.º ou nos 1.º e 2.º tempos. Por algumas vezes, coloquei também acompanhamentos imitando as síncopes da mão direita, isto é, os movimentos são iguais, paralelos, o que muito facilita.

Creio que este livro será uma grande cooperação nesta luta pela sobrevivência de nossas canções folclóricas, que jamais poderão desaparecer. Não é um trabalho de grandes harmonizações; ao contrário, o valor deste livro está justamente na sua singeleza.

É uma obra necessária para os professores, que terão grande material para seus alunos, sem perderem tempo fazendo suas próprias adaptações para piano.

Almejando que doravante, em todos os lares, por ocasiões das festas sociais, onde geralmente se reunem nossos entes mais queridos, as crianças e adultos, uma vez possuidores desta obra, possam tocar e cantar nossas mais belas canções folclóricas.

Tendo certeza de que o nosso pensamento, ao ouví-las, se transportará para o passado, e a saudade dos bons tempos idos, " que os anos não trazem mais", encherá de lágrimas os nossos olhos e nos fará recordar.

MÁRIO MASCARENHAS

ÍNDICE

	Pág.
A Canoa Virou	47
A Gatinha Parda	8
Anquinhas	41
Ba-Be-Bi-Bo-Bu	34
Balaio	64
Bambalalão	18
Boi Barroso	50
Boi da Cara Preta	39
Cai, Cai, Balão	9
Capelinha de Melão	19
Caranguejo	44
Carneirinho, Carneirão	65
Entrai na Roda	10
Fui no Itororó	43
Fui Passar na Ponte	30
Garibalde Foi à Missa	45
Giroflê	37
Là na Ponte do Vinhaça	27
Marcha Soldado	7
Meu Limão, Meu Limoeiro	61
Na Bahia Tem	14
Na Mão Direita	36
Nesta Rua Mora um Anjo	11
No Fundo do meu Quintal	31
Ó Ciranda, Cirandinha	15
O Cravo Brigou Com a Rosa	20
O Gato	32
O Meu Boi Morreu	42
Onde Está a Margarida?	35

	Pág
O Pastorzinho	62
O Pião	40
O Pobre e o Rico	17
Os Escravos de Jó	21
Passarás, Não Passarás	28
Peixe Vivo	52
Pezinho	57
Pirolito	33
Pobre Cego	29
Pobre Peregrino	22
Prenda Minha	66
Quantos Dias Tem o Mês?	16
Quase Que Perco o Meu Baú	56
Quebra, Quebra Gabiroba	25
Rosa Amarela	60
Samba Lelê	48
São João Dararão	54
Sapo Jururu	23
Se a Perpetua Cheirasse	46
Se Eu Fosse Um Peixinho	38
Sinh'Aninha	24
Sinhá Marreca	63
Terezinha de Jesus	13
Tutú Marambá	58
Uma, Duas, Angolinhas	26
Uni-du-ni-tê	12
Vai Abóbora	53
Vamos, Maruca, Vamos	49

PARA VIOLÃO
GRÁFICOS DAS POSIÇÕES PRÁTICAS DOS ACORDES (Usadas neste livro)
ACORDES MAIORES

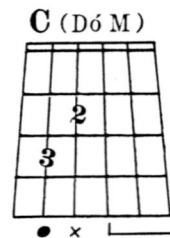
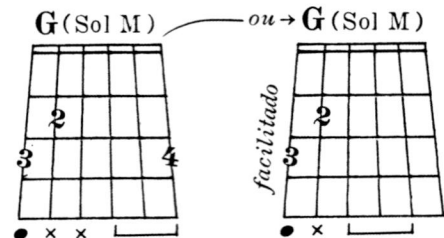

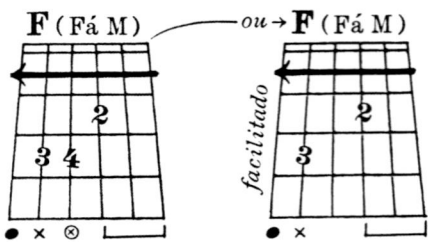
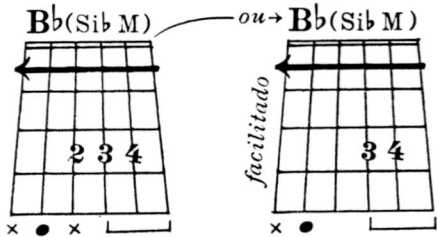

ACORDES MENORES

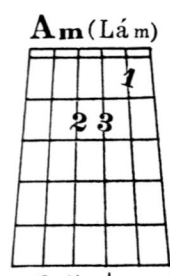
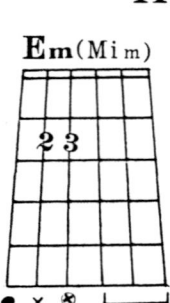
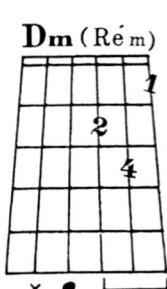
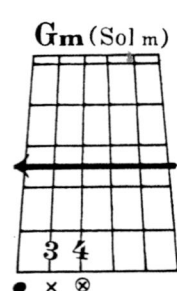
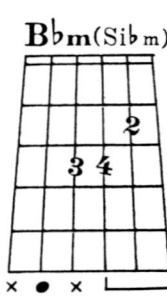

ACORDES COM SÉTIMA (menor) DA DOMINANTE

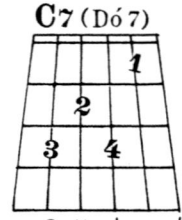
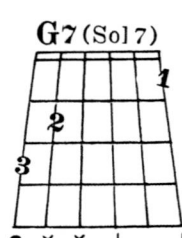
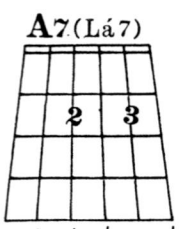
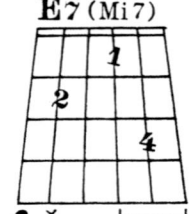
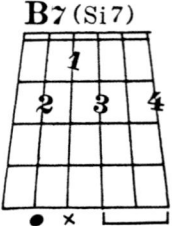
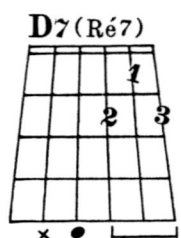

● — **Baixo Fundamental** (Principal)

✕ — **Baixo de Variação**

⊗ — **Baixo Fundamental Repetido** (sua execução é facultativa)

Os Baixos são tocados pelo polegar da mão direita.

⌊ i m a ⌋ — Indica as três cordas que serão tocadas ao mesmo tempo — **Acorde** — com os dedos indicador, médio e anular da mão direita.

⟵ — **Sinal de Pestana** — indica que se deve estender o 1º dedo da mão esquerda sobre as cordas no lugar indicado.

MARCHA SOLDADO

ARRANJO DE
MÁRIO MASCARENHAS

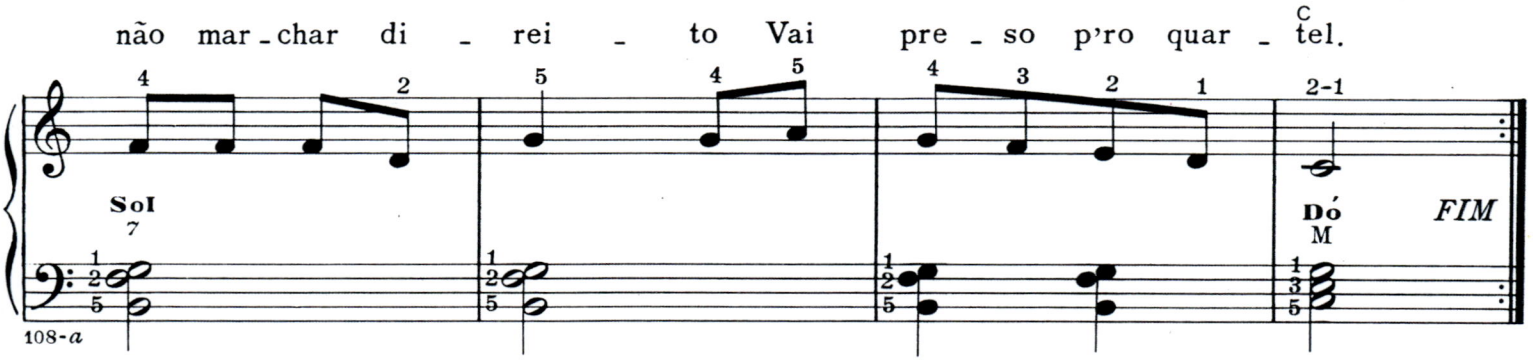

Bis
{
Marcha, soldado, **C**
Cabeça de papel. **G7**
Se não marchar direito
Vai preso p'ro quartel. **C**
}

OBSERVAÇÃO:

O autor procurou, pensando nas pequeninas mãos das crianças, adaptar os acordes do acompanhamento sem grande extensão dos dedos.

Assim sendo, todas as músicas deste álbum serão facilmente executadas não só por crianças como por adultos principiantes. Professores e alunos adiantados poderão, caso queiram, enriquecer mais a mão esquerda com notas mais afastadas e acordes de mais sons, visto as peças estarem cifradas, indicando todos os acordes do acompanhamento.

A GATINHA PARDA

ARRANJO DE MÁRIO MASCARENHAS

— Ai, minha gatinha parda,
Que em Janeiro me fugiu!
Quem roubou minha gatinha?
Você sabe? Você sabe? Você viu?

— Eu não vi a tal gatinha,
Mas ouvi o seu miáu.
Quem roubou a sua gatinha
Foi a bruxa, foi a bruxa Picapau.

CAI, CAI BALÃO

ARRANJO DE
MÁRIO MASCARENHAS

Bis {
Cai, cai, balão! Cai, cai, balão, (C)
Na rua do sabão. (G7)
Não cai, não! Não cai, não! Não cai, não!
Cai aqui na minha mão. (C)
}

ENTRAI NA RODA

ARRANJO DE
MÁRIO MASCARENHAS

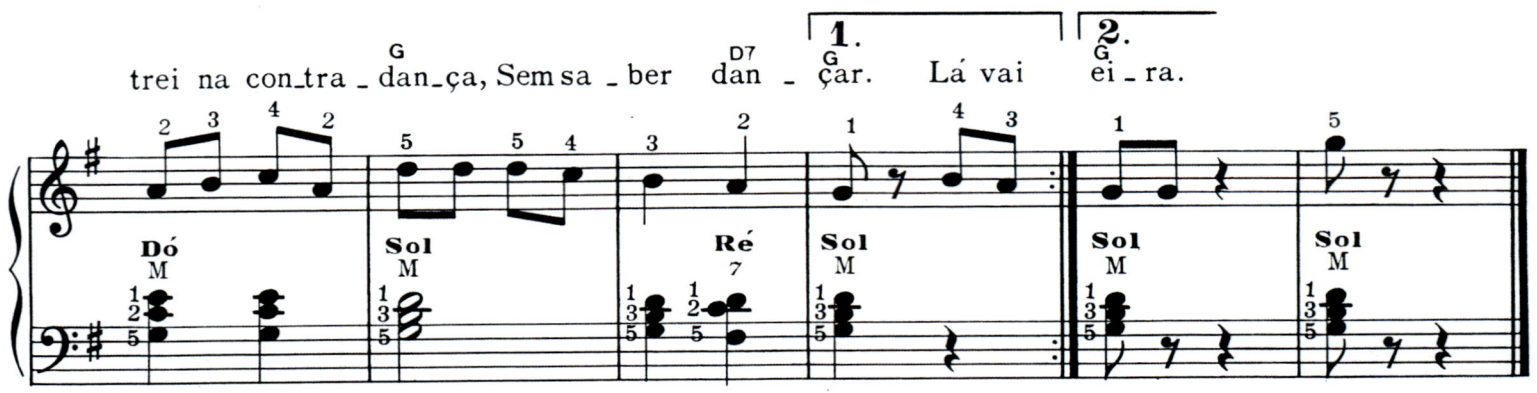

Oh! eu entrei na roda
Para ver como se dança.
Eu entrei na contradança,
Sem saber dançar.

Lá vai uma, lá vão duas,
Lá vão três pela terceira.
Lá se vai o meu amor
No vapor, p'ra Cachoeira.

NESTA RUA MORA UM ANJO

ARRANJO DE
MÁRIO MASCARENHAS

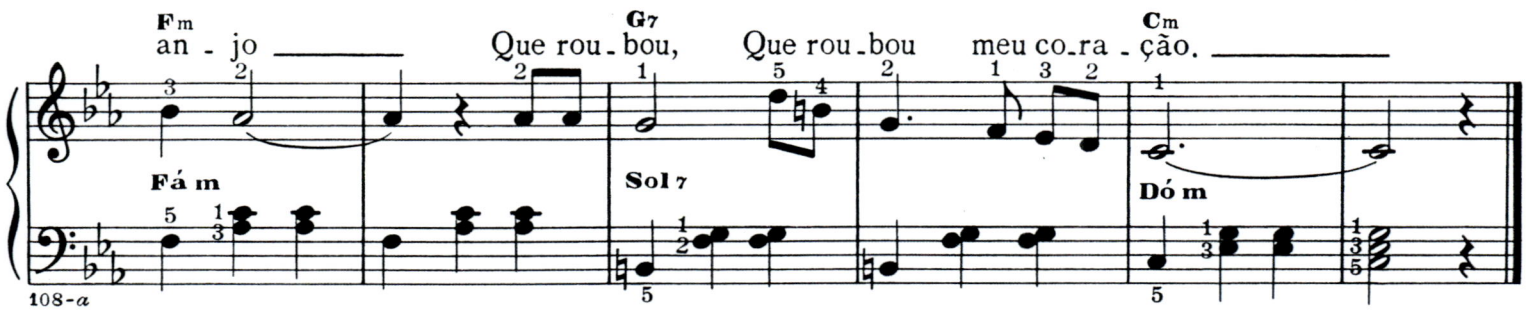

2. Se esta rua, se esta rua fosse minha (Cm G7)
   Eu mandava, eu mandava ladrilhar (Cm)
   Com pedrinhas, com pedrinhas de brilhantes (C7 Fm)
   Para o meu, para o meu amor passar. (G7 Cm)

3. Se roubei, se roubei teu coração, (Cm G7)
   É porque, tu roubaste o meu também (Cm)
   Se roubei, se roubei teu coração, (C7 Fm)
   É porque, é porque te quero bem. (G7 Cm)

UNI-DU-NI-TÊ

ARRANJO DE
MÁRIO MASCARENHAS

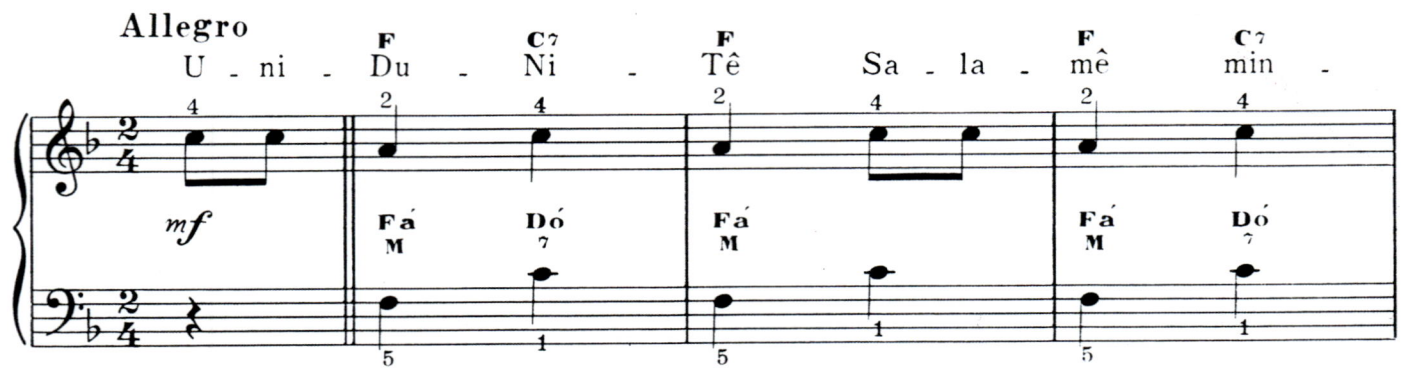

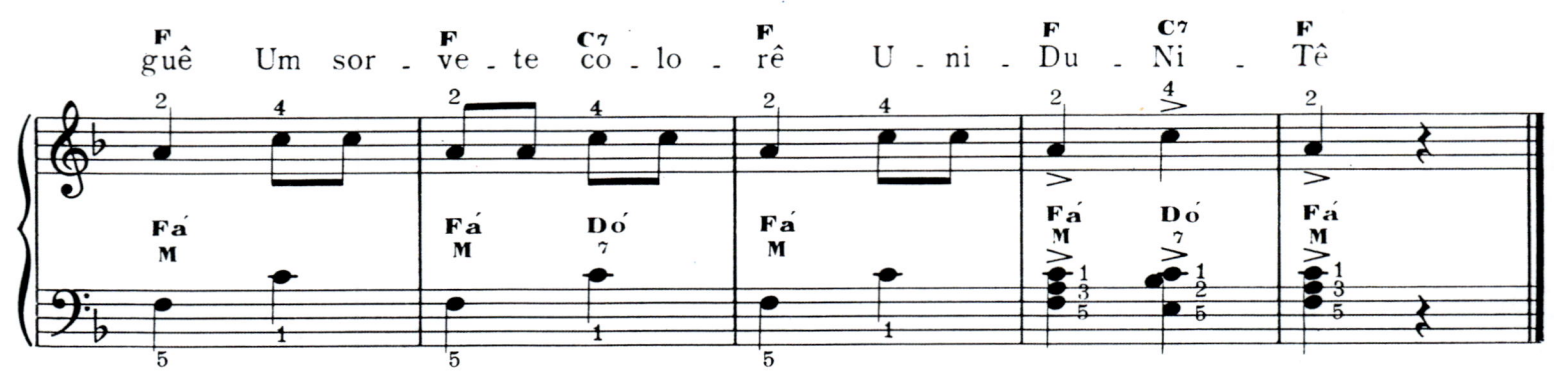

    F C7 F
Uni-Du-Ni-Tê
       F C7 F
Salamê minguê
            F C7 F
Um sorvete colorê
    F C7 F
Uni-Du-Ni-Tê

2. O primeiro foi seu pai,
   O segundo seu irmão
   O terceiro foi aquele
   A quem ela deu a mão.

3. Terezinha de Jesus
   Levantou-se lá do chão
   E sorrindo disse ao noivo:
   «Eu te dou meu coração».

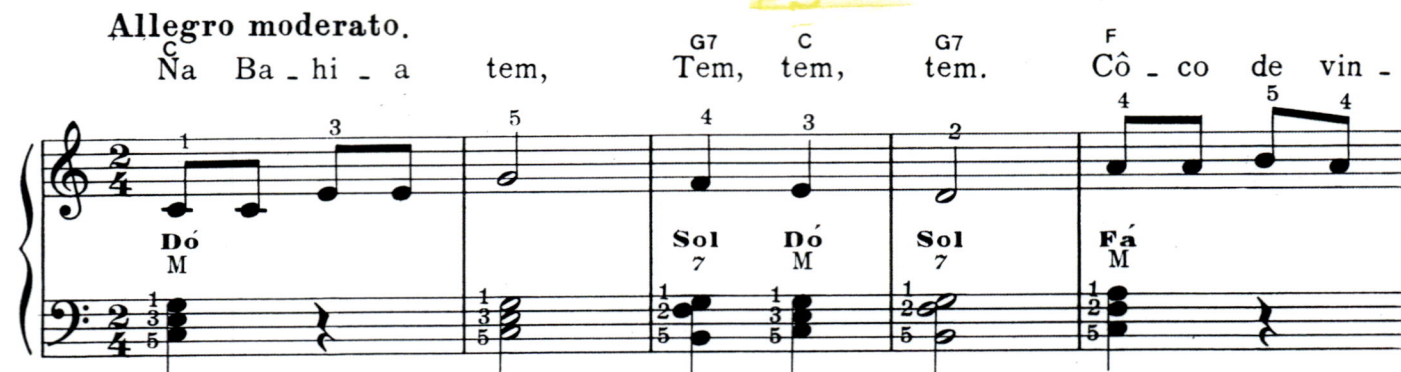

Bis
{
C
Na Bahia tem,
G7   C   G7
Tem, tem, tem.
F   C
Côco de vintém, oh! Yayá!
G7   C
Lá na Bahia tem.
}

Ó CIRANDA, CIRANDINHA

ARRANJO DE MÁRIO MASCARENHAS

2.
O anel que tu me deste
Era vidro e se quebrou
Bis { O amor que tu me tinhas
Era pouco e se acabou.

3.
Ciranda, cirandinha,
Vamos todos cirandar.
Bis { Vamos ver dona Maria,
Que já está p'ra se casar.

4.
Por isso, dona Maria,
Entre dentro desta roda,
Bis { Diga um verso bem bonito,
Diga adeus e vá-se embora.

Bis
{
Trinta dias tem Novembro,
Abril, Junho e Setembro;
Vinte e oito tem só um,
Todos os mais trinta e um.
}

O POBRE E O RICO

Arranjo de Mário Mascarenhas

Allegro (♩=160)

2.
— Eu sou rico, rico, rico,
De marré, marré, marré.

— Eu sou rico, rico, rico,
De marré de ci.

3.
— Dê-me uma de vossas filhas,
De marré, marré, marré.

— Dê-me uma de vossas filhas,
De marré de ci.

4.
— Escolhei a que quiser,
De marré, marré, marré.

— Escolhei a que quiser,
De marré de ci.

BAM-BA-LA-LÃO

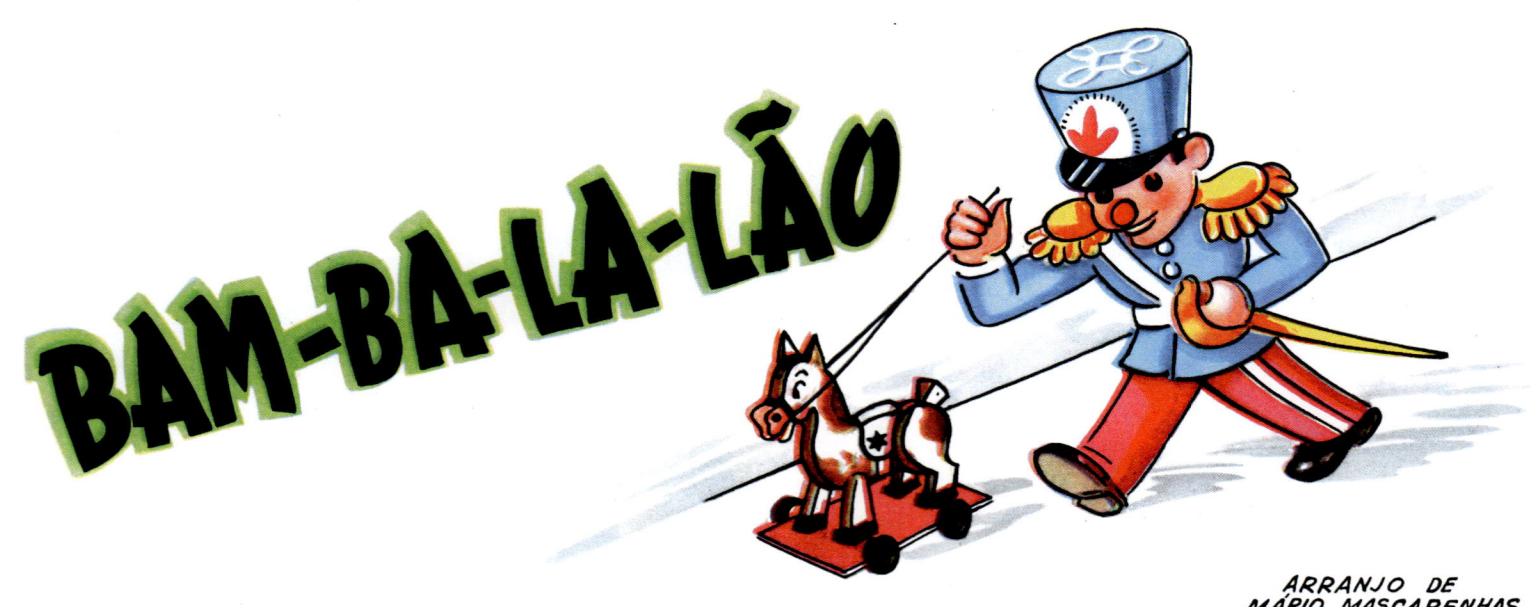

ARRANJO DE
MÁRIO MASCARENHAS

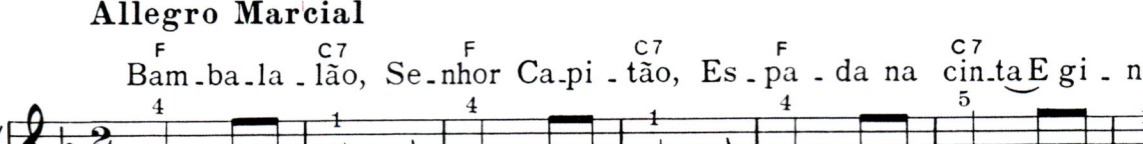

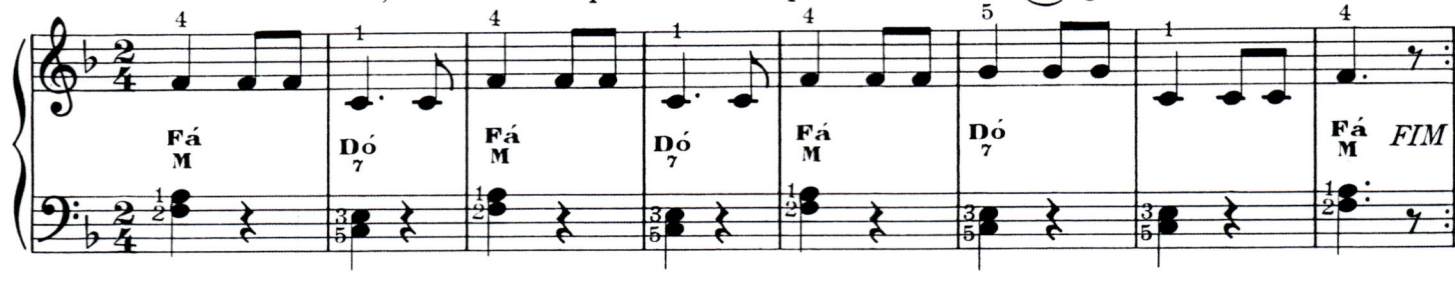

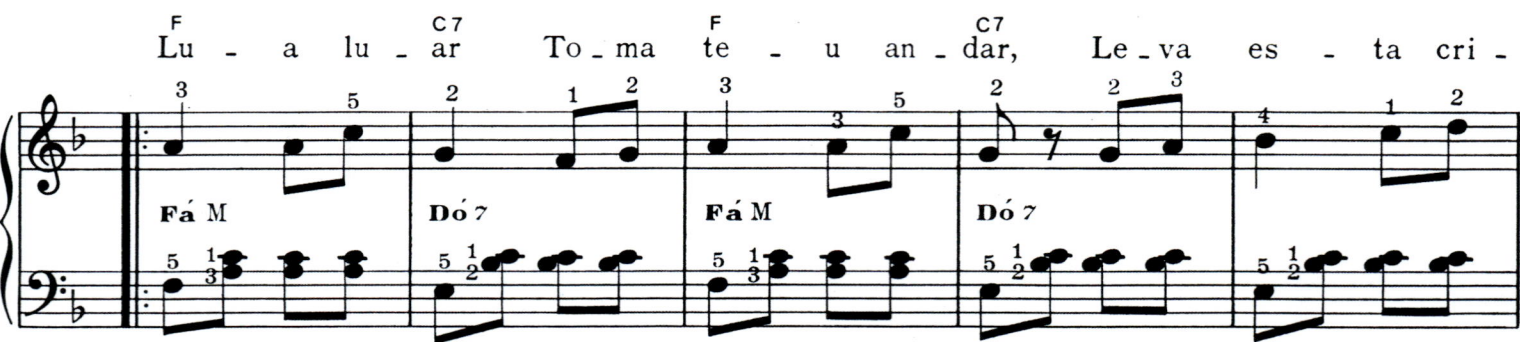

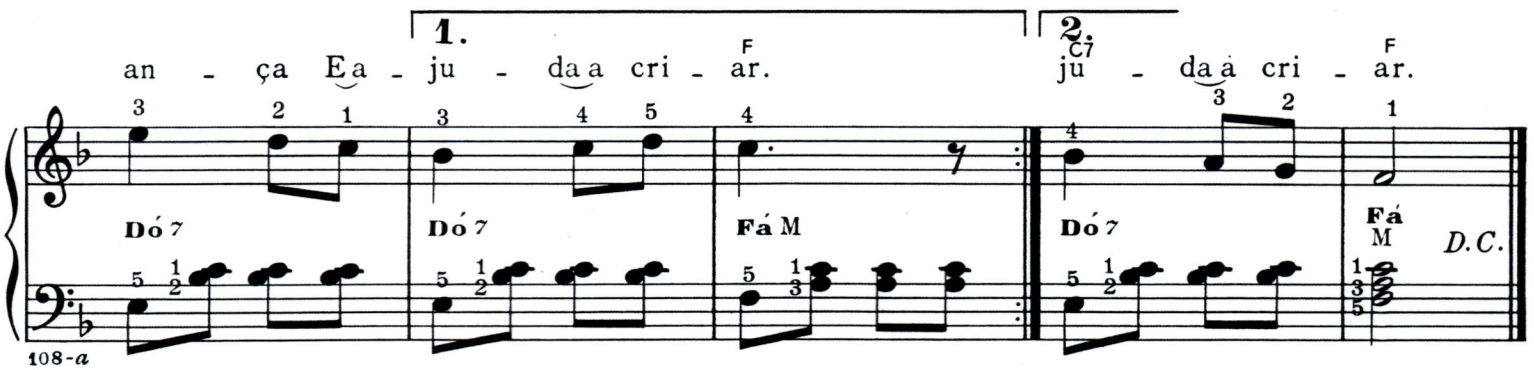

Allegro Marcial

F C7
Bambalalão,
F C7
Senhor Capitão,
F C7
Espada na cinta
F
E ginete na mão.

F C7
Em terra de mouro
F C7
Morreu seu irmão
F C7
E foi enterrado
F
Na cruz do patrão.

F C7
Bambalalão,
F C7
Senhor Capitão,
F C7
Espada na cinta
F
E ginete na mão.

F C7
Bambalalão,
F C7
Senhor Capitão,
F C7
Orelha de porco
F
P'ra comer com feijão.

CAPELINHA DE MELÃO

ARRANJO DE MÁRIO MASCARENHAS

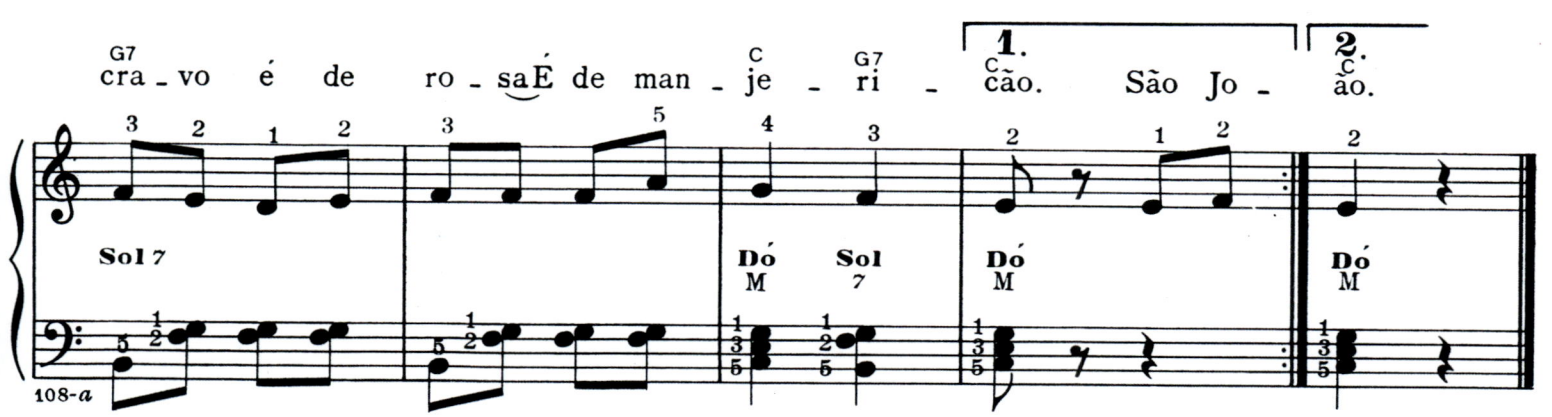

C
Capelinha de melão
    F   C
É de São João.
G7
É de cravo, é de rosa,
    C G7 C
É de manjericão.

C
São João está dormindo,
    F   C
Não me ouve, não.
G7
Acordai, acordai,
    C G7 C
Acordai, João.

O CRAVO BRIGOU COM A ROSA

ARRANJO DE
MÁRIO MASCARENHAS

C   G7
O cravo brigou com a rosa
                 C
Defronte de uma sacada
              F
O cravo saiu ferido,
G7   C
A rosa despedaçada.

C   G7
O cravo ficou doente,
              C
A rosa foi visitar.
                  F
O cravo teve um desmaio,
G7   C
A rosa pôs-se a chorar.

OS ESCRAVOS DE JOB

ARRANJO DE MÁRIO MASCARENHAS

Bis:
- Escravos de Job jogavam o caxangá.
- Tira, bota, deixa o Zamberê ficar.
- Guerreiros com guerreiros, zigue, zigue, zigue, zá.
- Guerreiros com guerreiros, zigue, zigue, zigue, zá.

Um pobre peregrino
Que anda de porta em porta,
Pedindo uma esmola
Pelo amor de Deus!

Por caridade, senhora,
O peregrino é pobre!
Pede uma esmola
Pelo amor de Deus!

SAPO JURURU

*ARRANJO DE
MÁRIO MASCARENHAS*

Andante

Sa-po Ju-ru-rú, Na bei-ra do ri - o Quan-do o sa-po gri-ta ó ma-ni-nha É por-que tem fri - o. Sa-po Ju-ru-rú, da bei-ra do ri - o Quan-do o sa-po gri-ta ó ma-ni-nha É por-que tem fri - o.

Bis {
Sapo Jururu,
Na beira do rio
Quando o sapo grita, ó maninha
É porque tem frio.
}

QUEBRA, QUEBRA GABIROBA

ARRANJO DE
MÁRIO MASCARENHAS

Allegro Moderato

Que-bra, que-bra, ga-bi-ro-ba, Que-ro ver que-brar, Que-bra

lá que eu que-bro cá. Eu que-ro ver que-brar.___ Que-bra

Bis {
Quebra, quebra, gabiroba,
Quero ver quebrar,
Quebra lá que eu quebro cá.
Eu quero ver quebrar.
}

UMA, DUAS ANGOLINHAS

ARRANJO DE MÁRIO MASCARENHAS

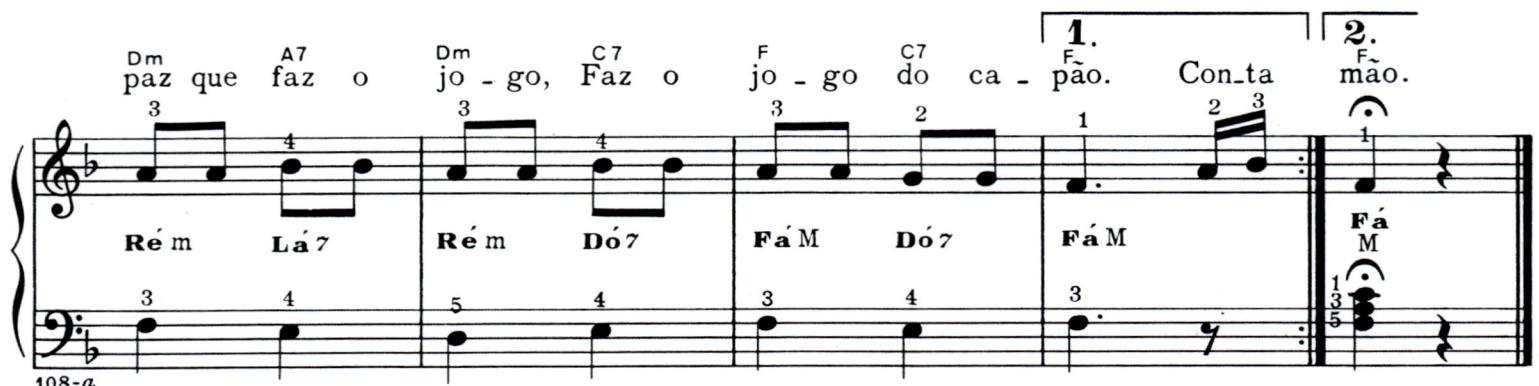

Uma, duas, angolinhas,
Fica o pé na pampolinha,
O rapaz que faz o jogo,
Faz o jogo do capão.

Conta bem, Mané João
Conta bem, que vinte são,
«Arrecolhe» este pezinho
Na conchinha d'uma mão.

DECLAMADO
{ Pé de pilão,
Carne seca com feijão,
Milho debulhado,
Arroz com camarão.

LÁ NA PONTE DE VINHAÇA

Arranjo de Mário Mascarenhas

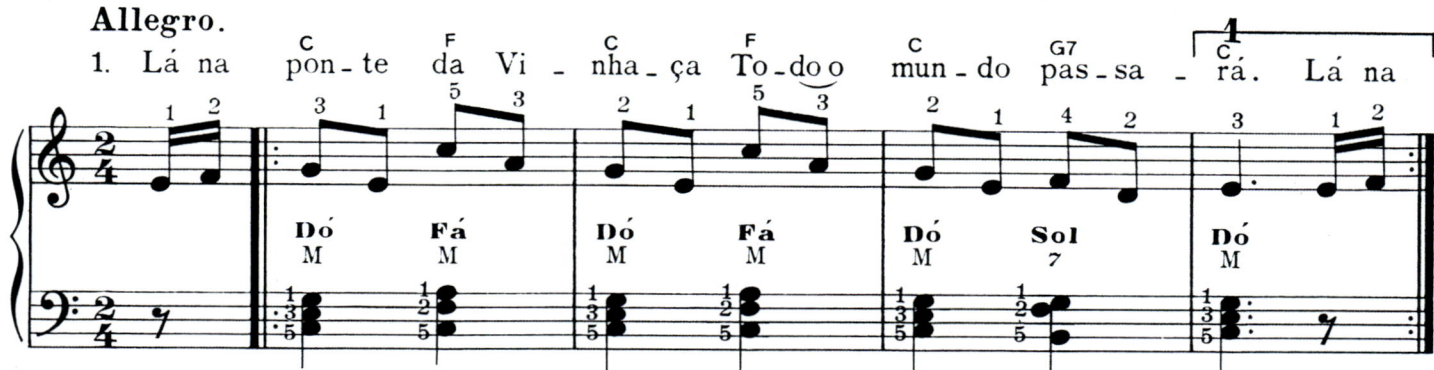

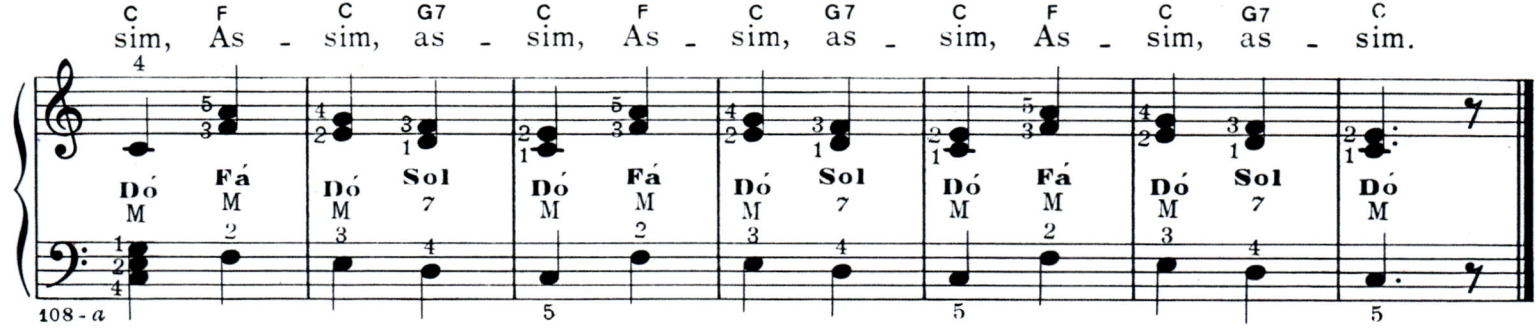

Bis { Lá na ponte da Vinhaça
Todo o mundo passará.

As costureiras fazem assim,
As costureiras fazem assim,
Assim, assim, assim,
Assim, assim, assim.

PASSARÁS NÃO PASSARÁS

ARRANJO DE MÁRIO MASCARENHAS

Passarás, não passarás
Algum «dele» há de ficar
Se não for o da frente
Há de ser o de trás.

Bom barqueiro, bom barqueiro
Que me deixes eu passar
Tenho filhos pequeninos
Que não posso sustentar.

POBRE CEGO

ARRANJO DE
MÁRIO MASCARENHAS

Minha mãe acorde
De tanto dormir.
Venha ver um cego, vida minha
Cantar e pedir.

Se ele canta e pede,
Dê-lhe pão e vinho.
Mande o pobre cego, vida minha
Seguir seu caminho.

Não quero, teu pão
Nem também teu vinho.
Quero só que Aninha, vida minha
Me ensine o caminho.

Anda mais, Aninha,
Mais um pocadinho.
Eu sou pobre cego, vida minha
Não vejo o caminho.

FUI PASSAR NA PONTE

Arranjo de Mário Mascarenhas

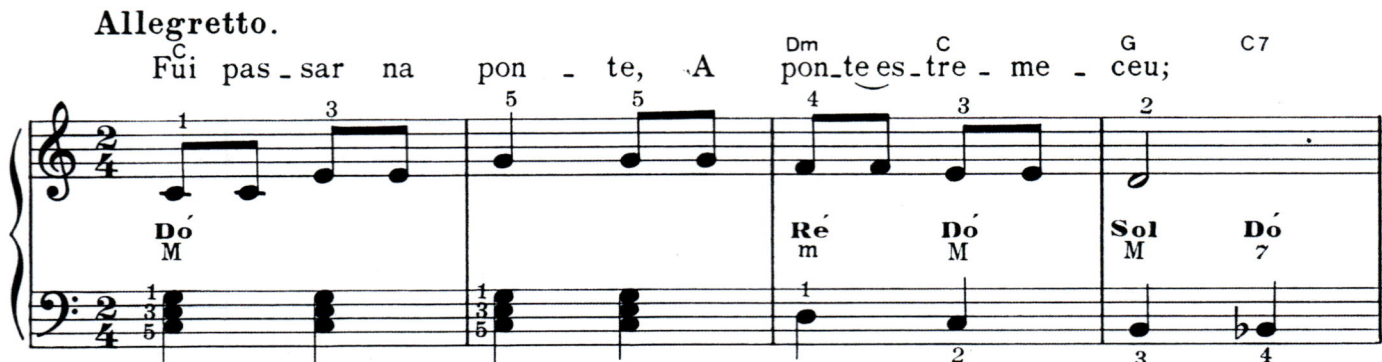

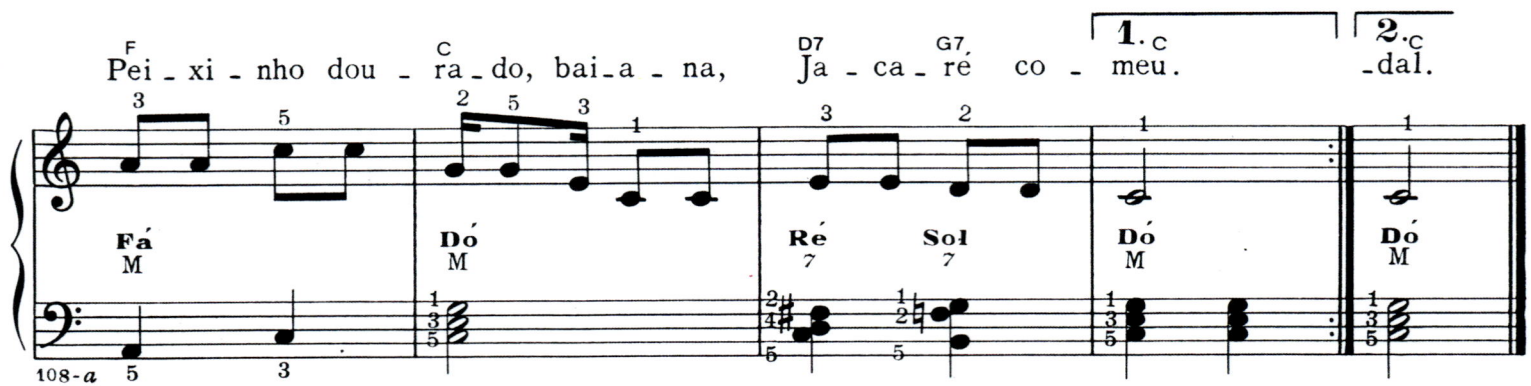

C
Fui passar na ponte,
Dm   C   G   C7
A ponte estremeceu;
F   C
Peixinho dourado, baiana,
D7   G7   C
Jacaré comeu.

C
Eu andei, andei,
Dm   C   G   C7
Eu andei no mar
F   C
Procurando agulha, baiana,
D7   G7   C
Só achei dedal.

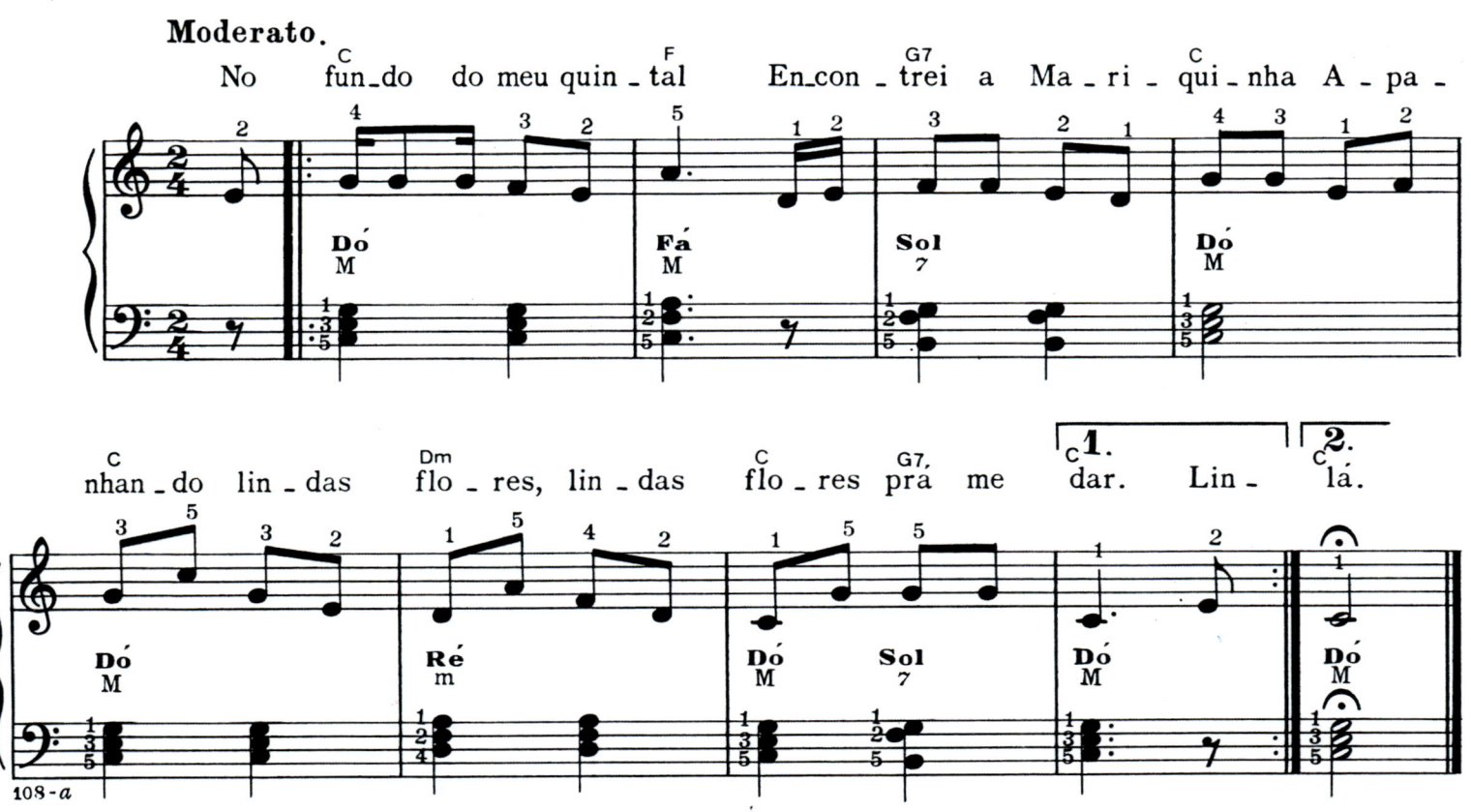

NO FUNDO DO MEU QUINTAL

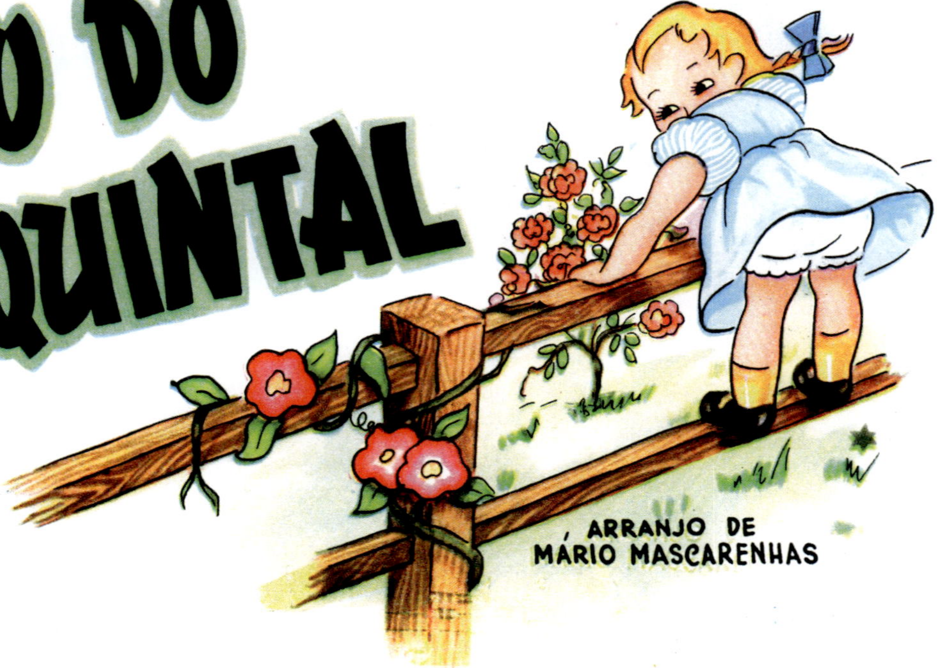

ARRANJO DE
MÁRIO MASCARENHAS

C F
No fundo do meu quintal
G7 C
Encontrei a Mariquinha
Dm
Apanhando lindas flores,
C G7 C
Lindas flores p'ra me dar.

C F
Lindas flores p'ro casamento
G7 C
Mariquinha vai se casar.
Dm
Mariquinha deixe disso,
C G7 C
Deixe disso, olhe lá!

O GATO

ARRANJO DE MÁRIO MASCARENHAS

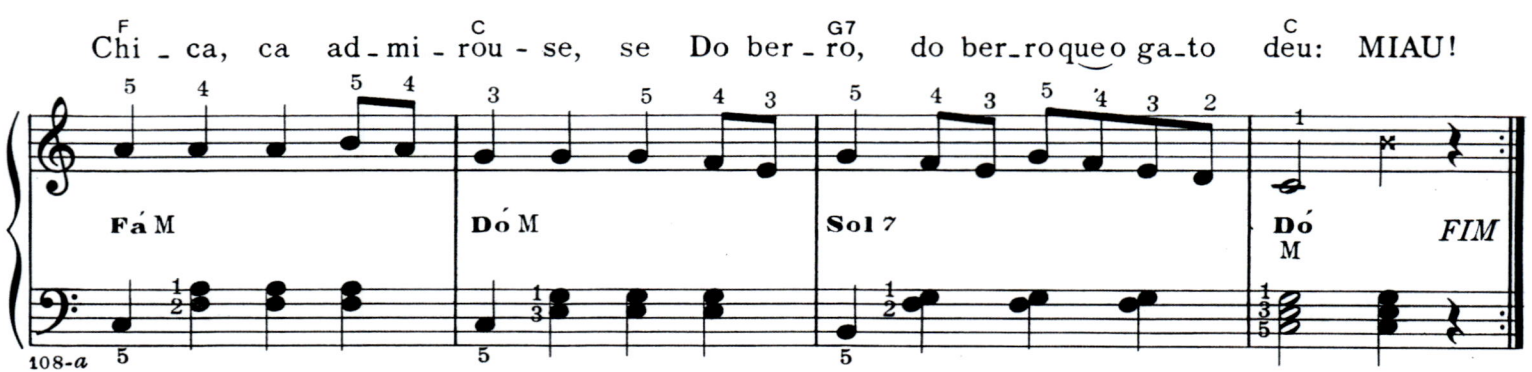

Bis
{
C
Atirei o pau no gato-to
G7   C
Mas o gato-to não morreu-reu-reu
F   C
Nhá Chica-ca admirou-se-se
G7   C
Do berro, do berro que o gato deu: MIAU!
}

PIROLITO

ARRANJO DE MÁRIO MASCARENHAS

Allegretto

    C   Dm
Pirolito que bate, bate,
 G7   C
Pirolito que já bateu.
                  F
Quem gosta de mim é ela,
         C   G7 C
Quem gosta dela sou eu.

    C   Dm
Pirolito que bate, bate,
 G7   C
Pirolito que já bateu.
                   F
A menina que eu amava,
        C   G7 C
Coitadinha, já morreu.

BÁ-BE-BI-BO-BU

ARRANJO DE
MÁRIO MASCARENHAS

Bis { O BA, BE, BI, BO, BU
     Vamos todos aprender.

Bis { Soletrando o B, A, BÁ
     Na cartilha do A, B, C.

Bis { O «M» é uma letra
     Que se escreve no A, B, C.

Bis { Ó Maria, você não sabe
     Como eu gosto de você.

ONDE ESTÁ A MARGARIDA?

ARRANJO DE MÁRIO MASCARENHAS

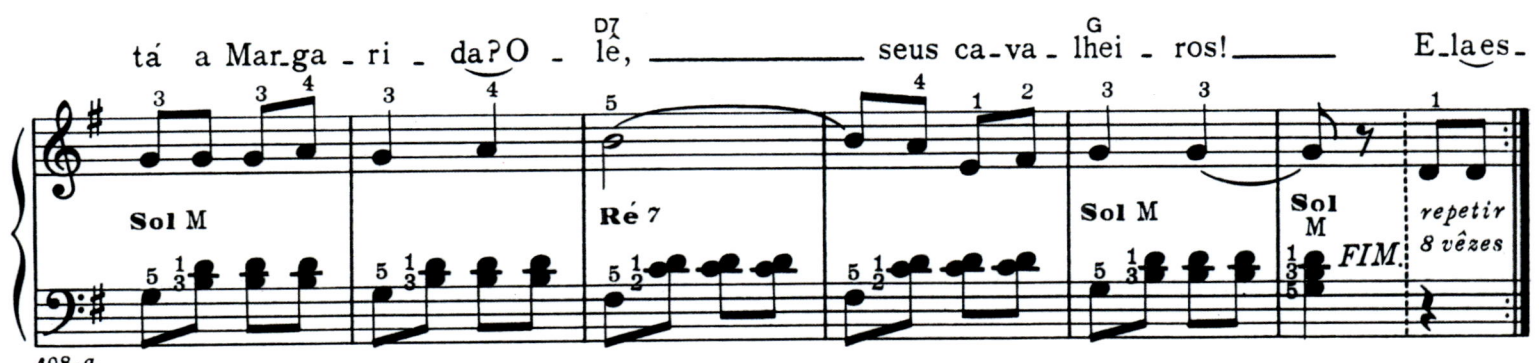

1.
G
Onde está a Margarida?
D7   G
Olê, olê, olá!

Onde está a Margarida?
D7   G
Olê, seus cavalheiros!

2.
G
Ela está em seu castelo
D7   G
Olê, olê, olá!

Ela está em seu castelo
D7   G
Olê, seus cavalheiros!

3.
G
Eu queria vê-la
D7   G
Olê, olê, olá!

Eu queria vê-la
D7   G
Olê, seus cavalheiros!

4.
G
Mas o muro é muito alto
D7   G
Olê, olê, olá!

Mas o muro é muito alto
D7   G
Olê, seus cavalheiros!

5.
G
Tirando uma pedra
D7   G
Olê, olê, olá!

Tirando uma pedra
D7   G
Olê, seus cavalheiros!

6.
G
Uma pedra não faz falta
D7   G
Olê, olê, olá!

Uma pedra não faz falta
D7   G
Olê, seus cavalheiros!

7.
G
Tirando duas pedras
D7   G
Olê, olê, olá!

Tirando duas pedras
D7   G
Olê, seus cavalheiros!

8. - *Para terminar*
G
Apareceu a Margarida
D7   G
Olê, olê, olá!

Apareceu a Margarida
D7   G
Olê, seus cavalheiros!

NA MÃO DIREITA

ARRANJO DE
MÁRIO MASCARENHAS

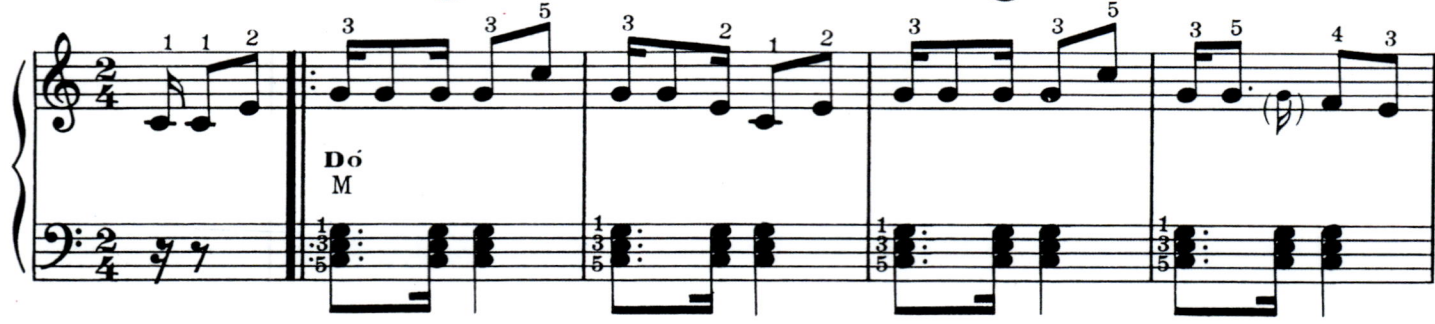

2.
Entrai na roda, ó linda roseira!
Entrai na roda, ó linda roseira!
Abraçai a mais faceira,
Abraçai a mais faceira.

3.
A mais faceira eu não abraço,
A mais faceira eu não abraço.
Abraço a boa companheira,
Abraço a boa companheira.

GIROFLÊ

ARRANJO DE MÁRIO MASCARENHAS

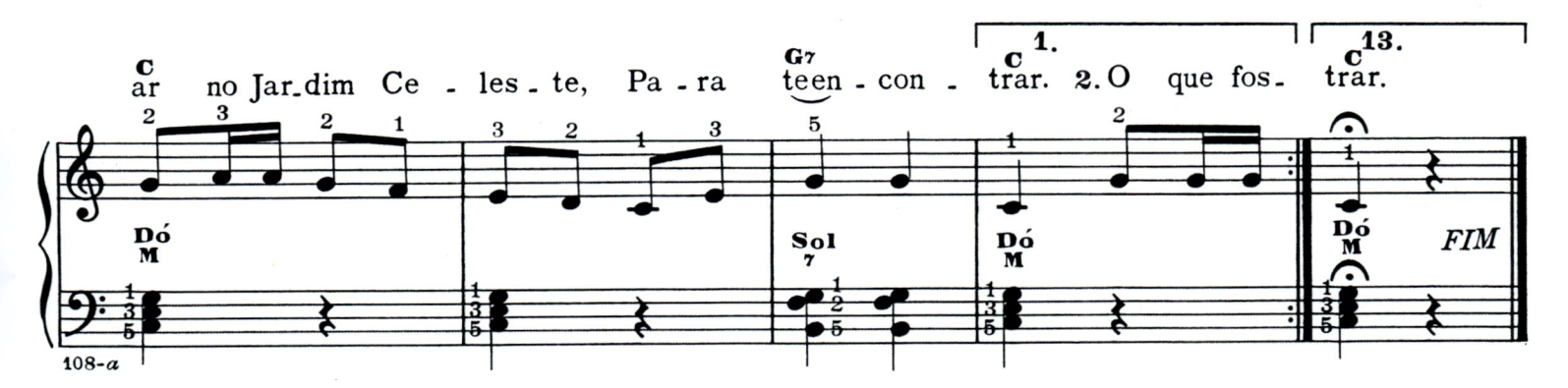

Allegretto

1. Fui passear no Jardim Celeste, Giroflê, giroflá. Fui passear no Jardim Celeste, Para te encontrar. 2. O que foste... 13. ...trar.

FIM

2. O que foste fazer lá?
   Giroflê, giroflá.
   O que foste fazer lá?
   Para te encontrar.

3. Fui colher as violetas,
   Giroflê, giroflá.
   Fui colher as violetas,
   Para te encontrar.

4. P'ra que servem as violetas?
   Giroflê, giroflá.
   P'ra que servem as violetas?
   Para te encontrar.

5. P'ra coroar nossas cabeças,
   Giroflê, giroflá.
   P'ra coroar nossas cabeças,
   Para te encontrar.

6. Se encontrasses com o soldado?
   Giroflê, giroflá.
   Se encontrasses com o soldado?
   Para te encontrar.

7. Eu faria uma continência,
   Giroflê, giroflá.
   Eu faria uma continência,
   Para te encontrar.

8. Se encontrasses com o rei?
   Giroflê, giroflá.
   Se encontrasses com o rei?
   Para te encontrar.

9. Tiraria o meu chapéu,
   Giroflê, giroflá.
   Tiraria o meu chapéu,
   Para te encontrar.

10. Se encontrasses com a rainha?
    Giroflê, giroflá.
    Se encontrasses com a rainha?
    Para te encontrar.

11. Eu faria um cumprimento,
    Giroflê, giroflá.
    Eu faria um cumprimento,
    Para te encontrar.

12. Se encontrasses com o diabo?
    Giroflê, giroflá.
    Se encontrasses com o diabo?
    Para te encontrar.

13. Mostraria a minha cruz,
    Giroflê, giroflá.
    Mostraria a minha cruz,
    Para te encontrar.

SE EU FOSSE UM PEIXINHO

ARRANJO DE
MÁRIO MASCARENHAS

Se eu fosse um peixinho
E soubesse nadar
Tirava a Fulana
Do fundo mar
E a Fulana que vai embarcar
Chindará, chindará, chindarará

Fulana não chores
Nem queira chorar
Que o barco navega
Nas ondas do mar
E a Fulana que vai embarcar
Chindará, chindará, chindarará.

BOI DA CARA PRETA

ARRANJO DE
MÁRIO MASCARENHAS

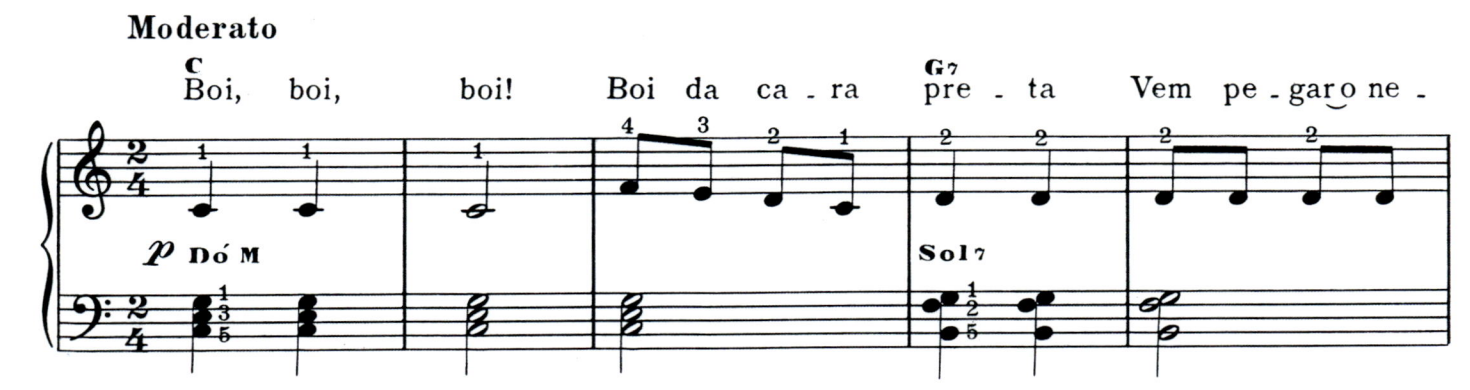

Moderato

Boi, boi, boi! Boi da cara preta Vem pegar o neném Que tem medo de carêta. Não, não, não! Não pega ele não Ele é bonitinho ele chora, coitadinho!

C
Boi, boi, boi,
G7
Boi da cara preta
Vem pegar o neném
C
Que tem medo de carêta.

C   C7   F
Não, não, não
Fm   C
Não pega ele não
G7
Ele é bonitinho
C
Ele chora, coitadinho.

Ó PIÃO

ARRANJO DE
MÁRIO MASCARENHAS

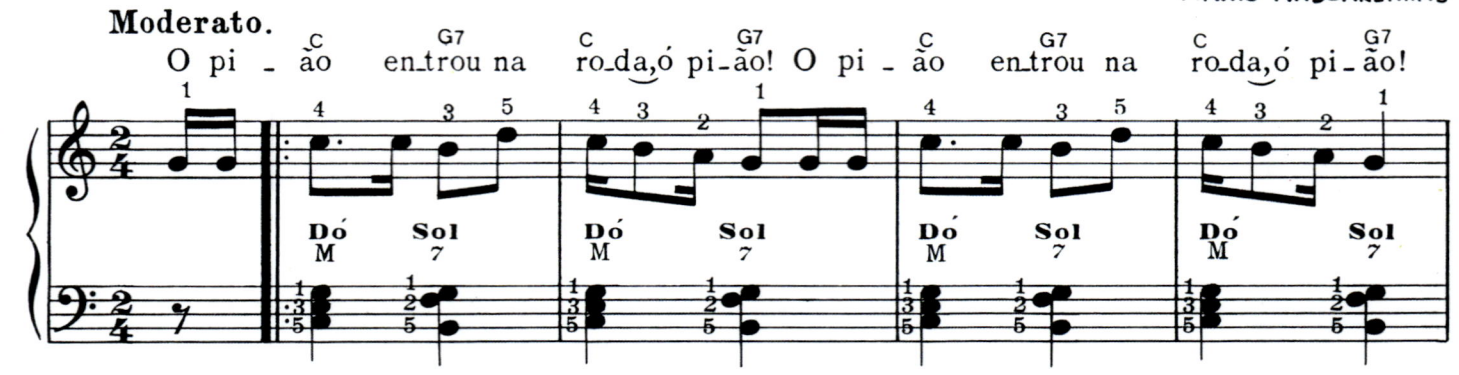

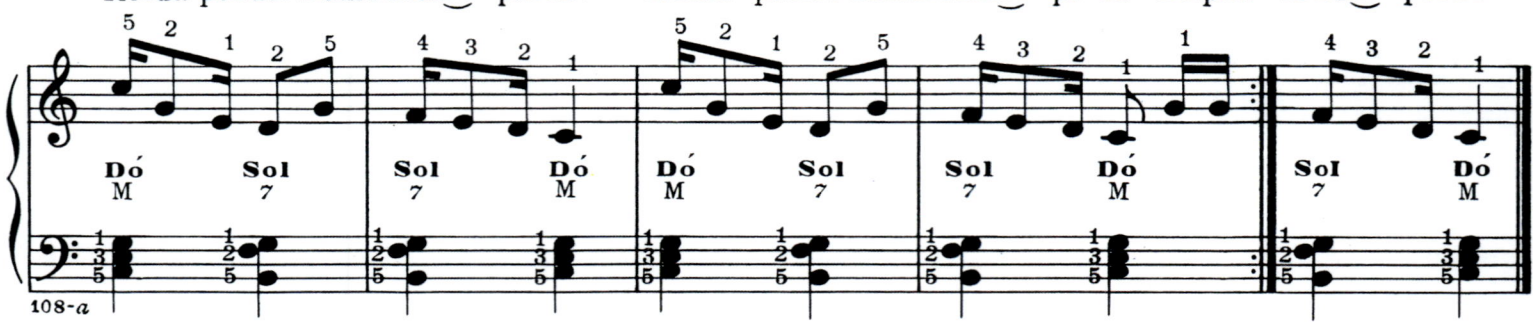

1.
O pião entrou na roda, ó pião!
O pião entrou na roda, ó pião!
Roda, pião! Bambeia ó pião!
Roda, pião! Bambeia ó pião!

2.
Sapateia no terreiro, ó pião!
Sapateia no terreiro, ó pião!
Roda, pião! Bambeia ó pião!
Roda, pião! Bambeia ó pião!

3.
Mostra a tua figura, ó pião!
Mostra a tua figura, ó pião!
Roda, pião! Bambeia ó pião!
Roda, pião! Bambeia ó pião!

4.
Faça uma cortezia, ó pião!
Faça uma cortezia, ó pião!
Roda, pião! Bambeia ó pião!
Roda, pião! Bambeia ó pião!

5.
Atira a tua fieira, ó pião!
Atira a tua fieira, ó pião!
Roda, pião! Bambeia ó pião!
Roda, pião! Bambeia ó pião!

6.
Entrega o chapéu a outro, ó pião!
Entrega o chapéu a outro, ó pião!
Roda, pião! Bambeia ó pião!
Roda, pião! Bambeia ó pião!

ANQUINHAS

ARRANJO DE
MÁRIO MASCARENHAS

Andantino.

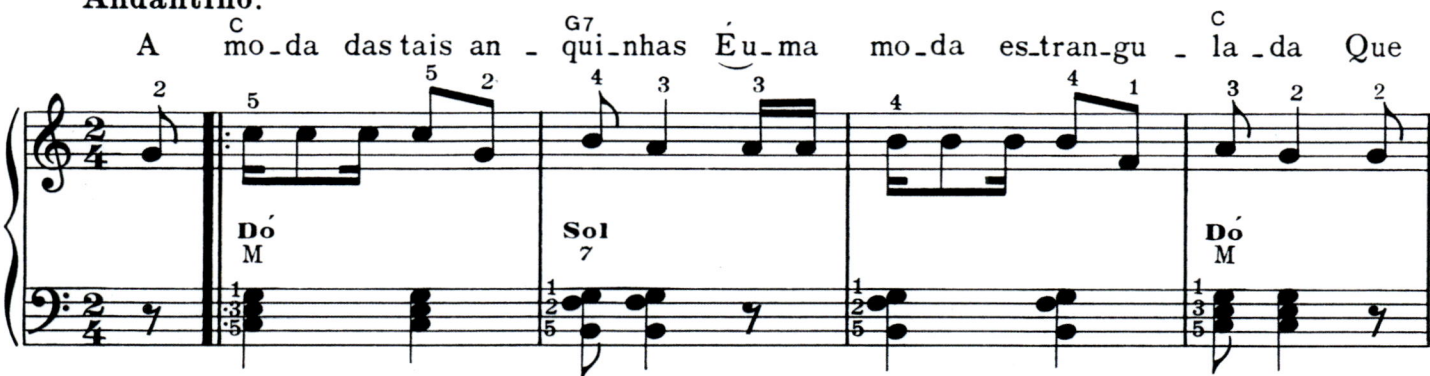

A mo-da das tais an-qui-nhas É u-ma mo-da es-tran-gu-la-da Que pon-do o jo-e-lho em ter-ra Faz a gen-te fi-car pas-ma-da. Ma- bra-ço!

A moda das tais anquinhas
E uma moda estrangulada
Que pondo o joelho em terra
Faz a gente ficar pasmada.

(*Nome da pessoa*) sacode a saia,
(*Nome da pessoa*) levanta o braço,
(*Nome da pessoa*) tem dó de mim,
(*Nome da pessoa*) me dá um abraço!

O MEU BOI MORREU

ARRANJO DE
MÁRIO MASCARENHAS

Andante.

C	G7		C
O meu boi mor-reu;		Que se-rá de mim?	

C	F	G7	C 1.	C 2.
Man-de bus-car	ou-tro, Mo-re-na,	Lá no Pi-au-í.		ca.

C   G7
O meu boi morreu;
          C
Que será de mim?
               F
Mande buscar outro, Morena,
G7   C
Lá no Piauí.

C   G7
O meu boi morreu,
          C
Que será da vaca?
              F
Pinga com limão, Morena,
G7   C
Cura urucubaca.

FUI NO ITORORÓ

ARRANJO DE MÁRIO MASCARENHAS

Allegretto.

Fui no Itororó / Beber água e não achei; / Encontrei bela morena / Que no Itororó deixei. / A_pro_gada. Ó Dona Maria, Ó Mariazinha, Entrará na roda, E ficará sozinha. Sozi_ _par.

C
Fui no Itororó
A7   **Dm**
Beber água e não achei;
G7
Encontrei bela Morena
C
Que no Itororó deixei.

C
Aproveite minha gente,
A7   **Dm**
Que uma noite não é nada.
G7
Se não dormir agora,
C
Dormirá de madrugada.

C   **G7**
Ó, Dona Maria,
C
Ó, Mariazinha,
A7   **Dm**
Entrará na roda,
G7   **C**
E ficará sozinha.

C   **G7**
Sozinha eu não fico,
C
Nem hei de ficar,
A7   **Dm**
Porque tenho o Chico,
G7   **C**
Que será meu par!

CARANGUEJO

ARRANJO DE MÁRIO MASCARENHAS

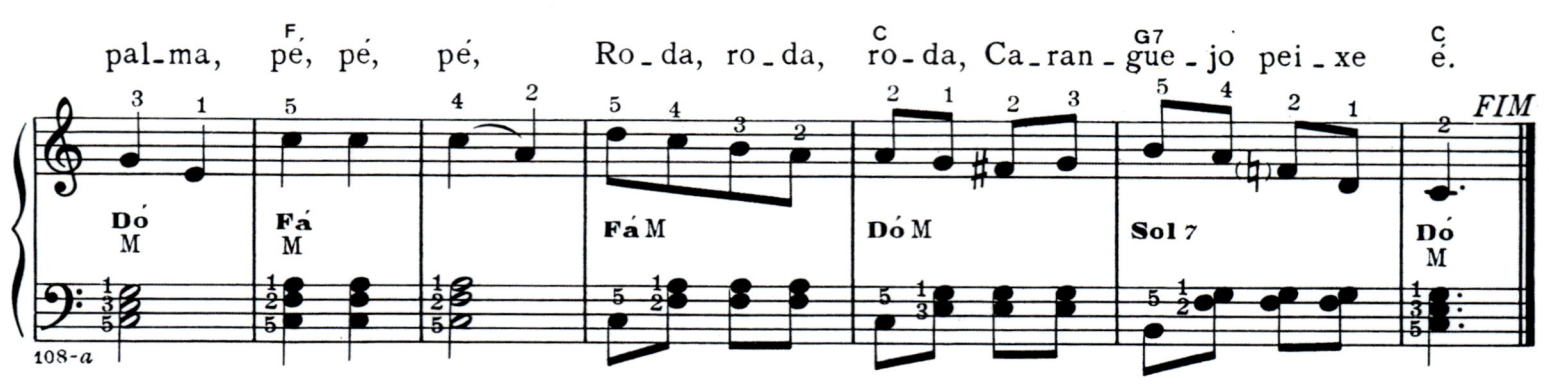

Allegretto.

Caranguejo não é peixe, Caranguejo peixe é. Caranguejo não é peixe na vazante da maré. Palma, palma, palma, pé, pé, pé, Roda, roda, roda, Caranguejo peixe é.

FIM

C **Dm** Caranguejo não é peixe **G7** **C** Caranguejo peixe é **Dm** Caranguejo não é peixe **G7** **C** Na vazante da maré.	**C** Palma, palma, palma; **F** Pé, pé, pé, **C** Roda, roda, roda, **G7** **C** Caranguejo peixe é.

GARIBALDI FOI À MISSA

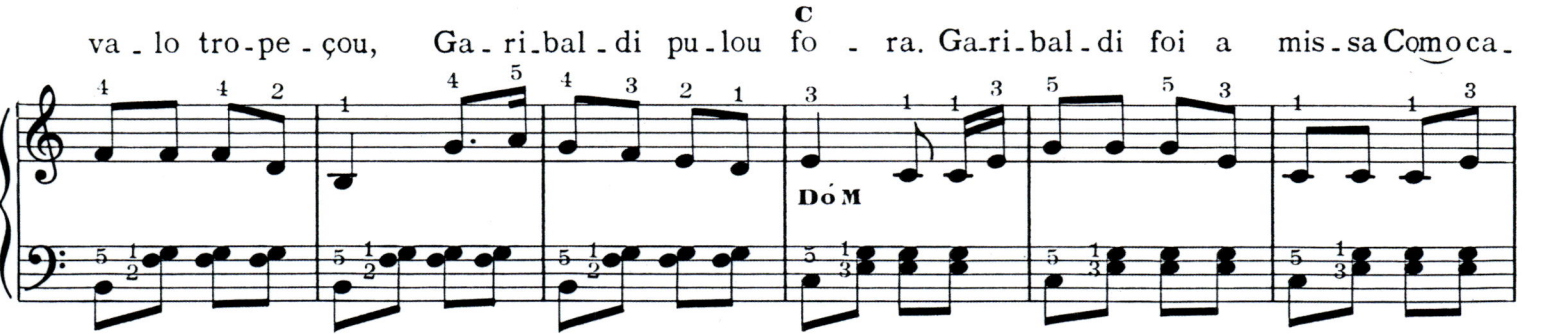

ARRANJO DE MÁRIO MASCARENHAS

Allegro Moderato

Garibaldi foi a missa Como cavalo sem espora; O cavalo tropeçou, Garibaldi pulou fora. Garibaldi foi a missa Como cavalo sem espora; O cavalo tropeçou, Garibaldi lá ficou.

Garibaldi foi a missa
Com o cavalo sem espora;
O cavalo tropeçou,
Garibaldi pulou fora.

Garibaldi foi a missa
Com o cavalo sem espora;
O cavalo tropeçou,
Garibaldi lá ficou.

SE A PERPÉTUA CHEIRASSE

ARRANJO DE
MÁRIO MASCARENHAS

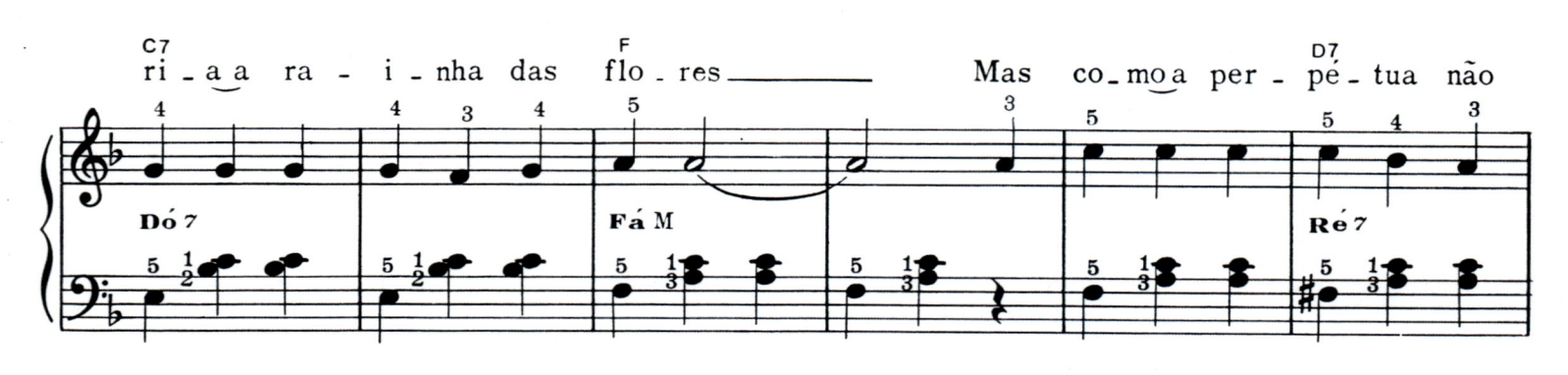

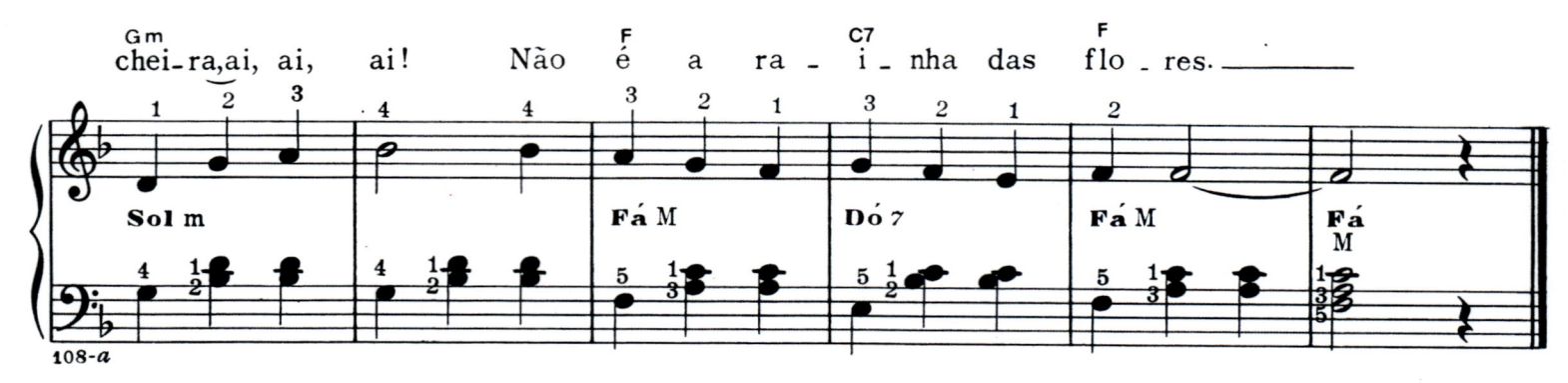

Allegretto.

Se a perpétua cheirasse___ Se-
ria a rainha das flores___ Mas como a perpétua não
cheira, ai, ai, ai! Não é a rainha das flores.___

Se a perpétua cheirasse,
Seria a rainha das flores!
Mas como a perpétua não cheira, ai, ai, ai!
Não é a rainha das flores.

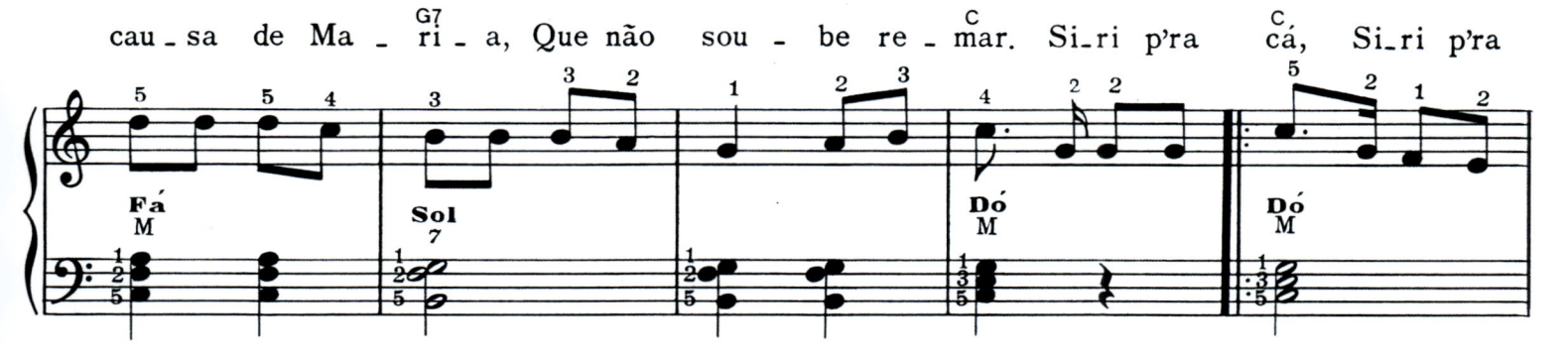

A CANOA VIROU

ARRANJO DE MÁRIO MASCARENHAS

A canoa virou
Por deixarem-na virar;
Foi por causa de Maria,
Que não soube remar.

Bis {
Siri p'ra cá,
Siri p'ra lá;
Maria é velha
E quer casar.
}

Se eu fosse um peixinho
E soubesse nadar,
Tiraria a Maria
Lá do fundo do mar.

SAMBA LELÊ

ARRANJO DE MÁRIO MASCARENHAS

Moderato.

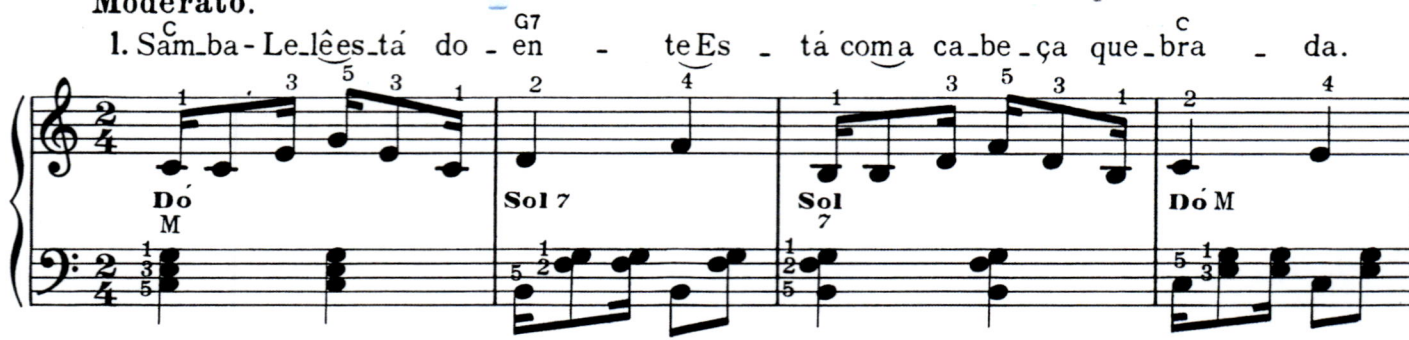

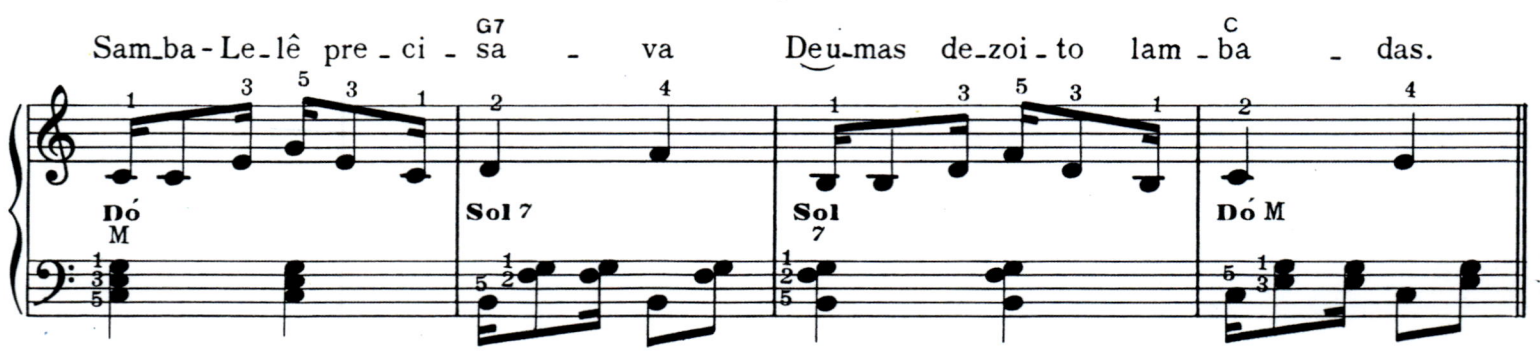

1. Samba-Lelê está doente, Está com a cabeça quebrada.
Samba-Lelê precisava De umas dezoito lambadas.

Samba! Samba! Samba! Ó Lelê.
Pisa na barra da saia, Ó Lelê.
saia, Ó Lelê.

Estribilho:

Bis { Samba! Samba! Samba! Ó Lelê!
Pisa na barra da saia! Ó Lelê!

2. – Ó Morena bonita,
Como é que se namora?
– Põe um lencinho no bolso,
Deixa a pontinha de fora.

3. – Ó Morena bonita,
Como é que se casa?
– Põe o véu na cabeça,
Dá o fora de casa.

4. – Ó Morena bonita,
Como é que se cozinha?
– Põe a panela no fogo,
Vai conversar com a vizinha.

5. – Ó Morena bonita,
Onde é que você mora?
– Moro na Praia Formosa,
Digo adeus e vou embora.

VAMOS, MARUCA VAMOS

ARRANJO DE MÁRIO MASCARENHAS

Moderato.

— Vamos, Maruca, vamos,
Vamos p'ra Jundiaí?
Com todos você vai,
Só comigo não quer ir.

— Não vou, não vou,
Não vou, não quero ir
Longe de minha gente,
Você vai judiar de mim.

BOI BARROSO

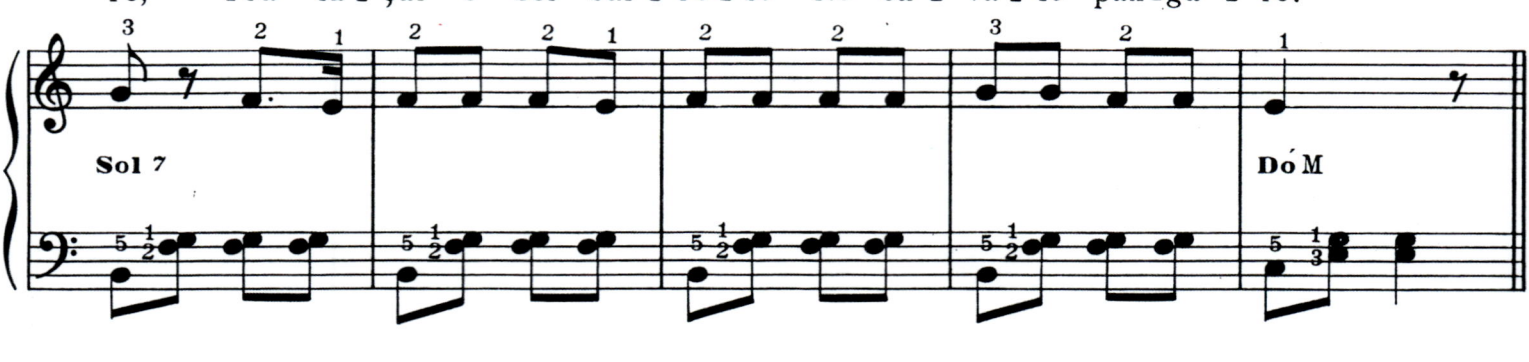

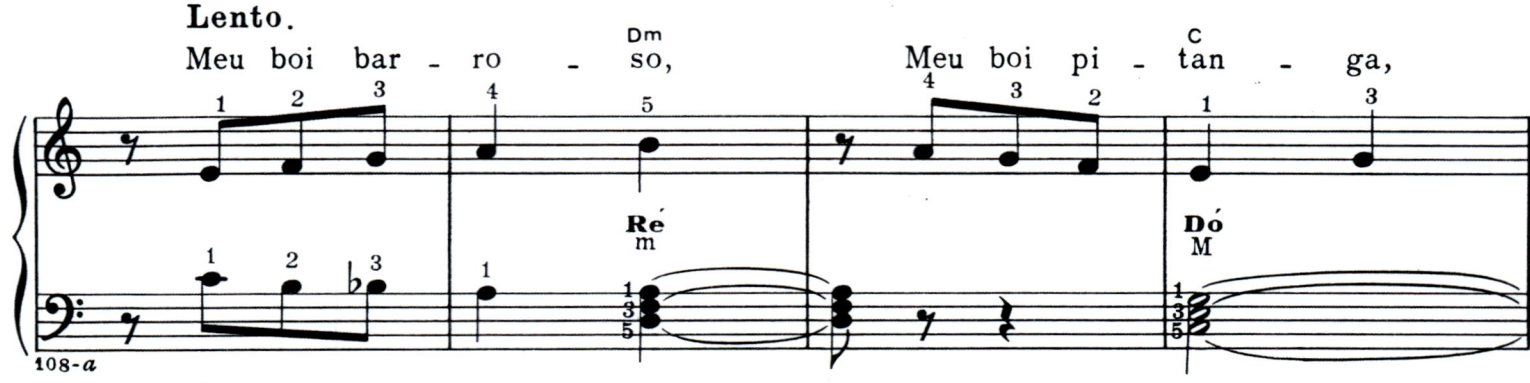

ARRANJO DE
MÁRIO MASCARENHAS

Allegretto.

Eu mandei fazer um laço Do couro do jaca-ré, Prá laçar o boi barroso No cavalo pangaré.

Lento.

Meu boi barroso, Meu boi pitanga,

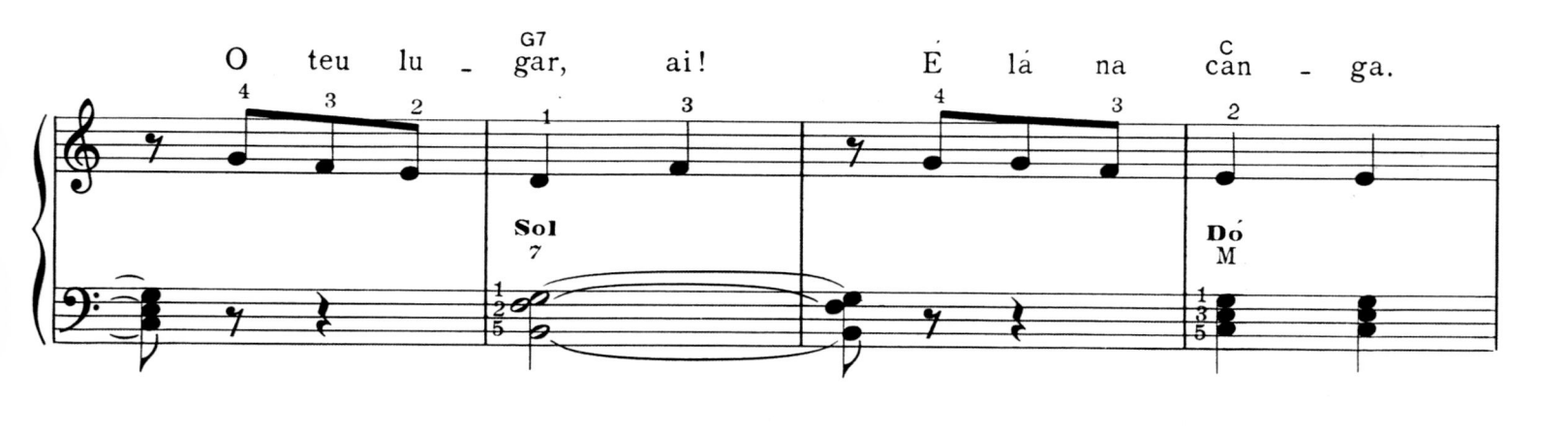

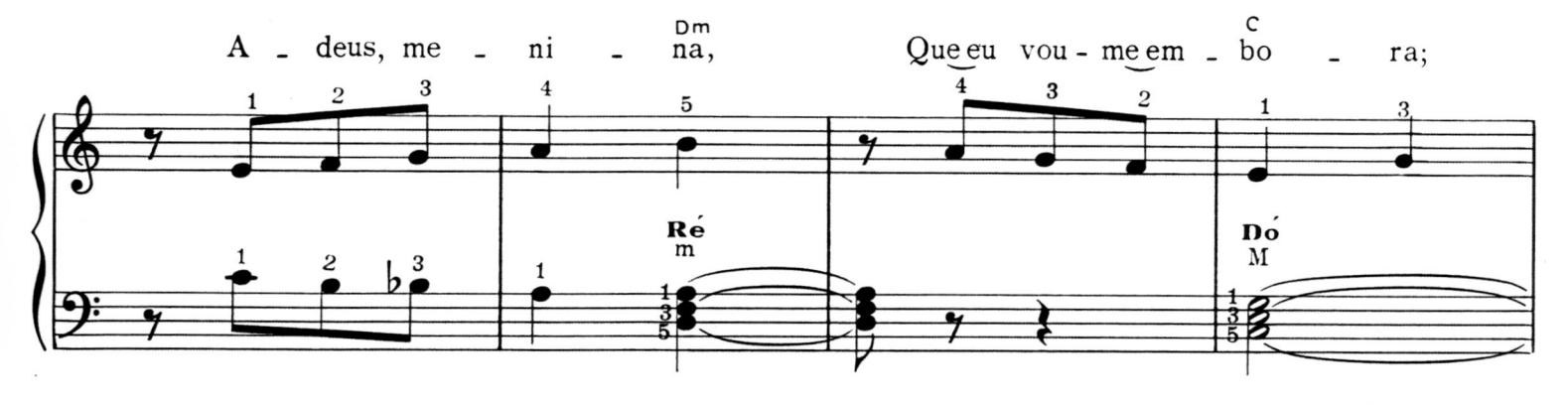

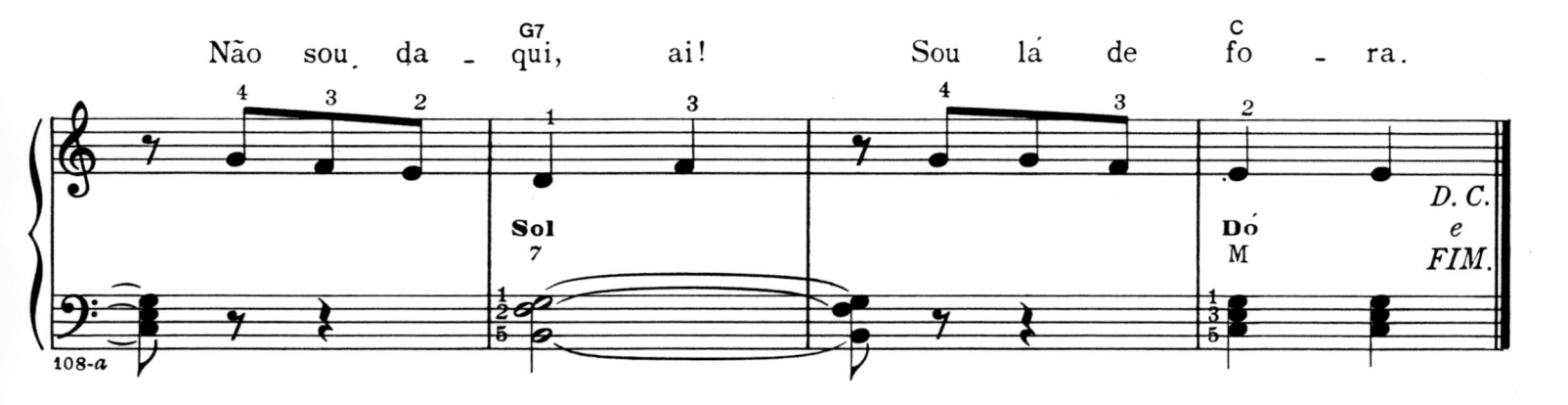

1. Eu mandei fazer um laço
Do couro do jacaré,
P'ra laçar o boi barroso
No cavalo pangaré.

2. Meu bonito boi barroso
Que eu já dava por perdido
Deixando o rastro na areia,
Logo foi reconhecido.

Montei no cavalo escuro,
Trabalhei logo de espora;
E gritei a certa gente
Que meu boi se vai embora.

ESTRIBILHO:
Meu boi barroso,
Meu boi pitanga,
O teu lugar, ai!
É lá na canga.
Adeus, menina,
Que eu vou-me embora;
Não sou daqui, ai!
Sou lá de fora.

PEIXE VIVO

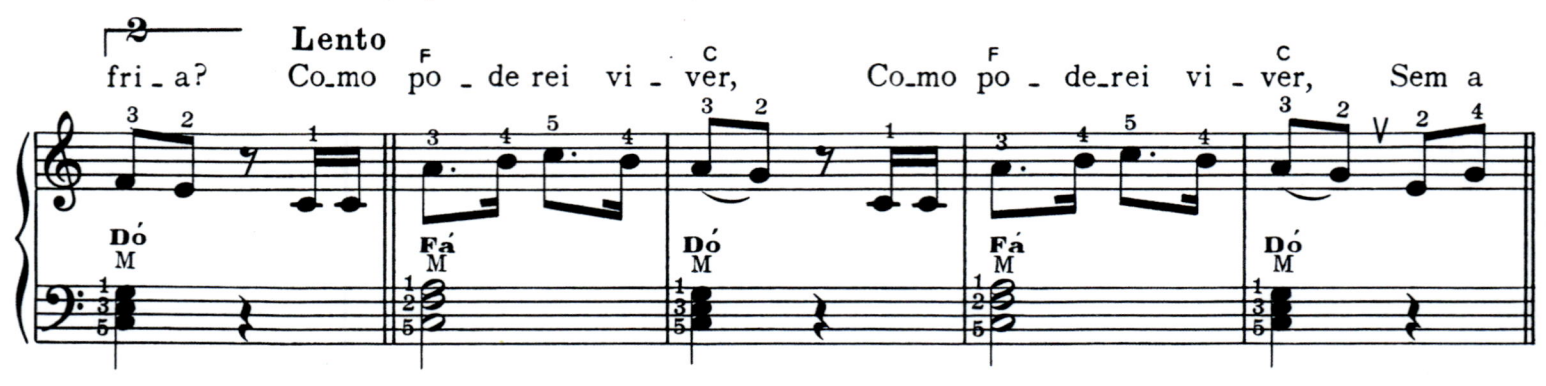

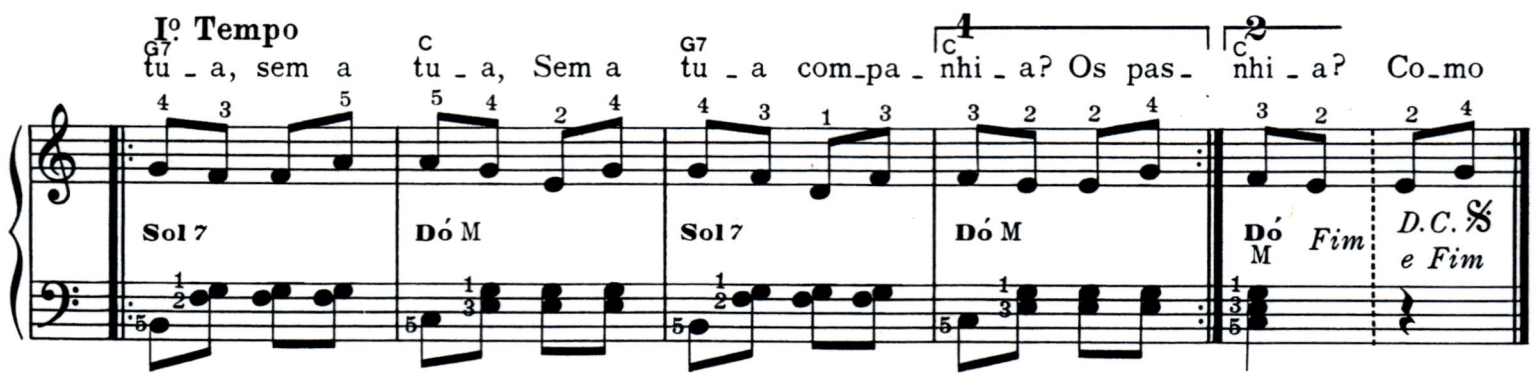

ARRANJO DE
MÁRIO MASCARENHAS

Bis { Como pode o peixe vivo
      Viver fora da água fria?
  Como poderei viver,
  Como poderei viver,
Bis { Sem a tua, sem a tua,
      Sem a tua companhia?

Bis { Os pastores desta aldeia
      Já me fazem zombaria.
  Por me ver assim chorando,
  Por me ver assim chorando,
Bis { Sem a tua, sem a tua,
      Sem a tua companhia.

VAI ABÓBORA!

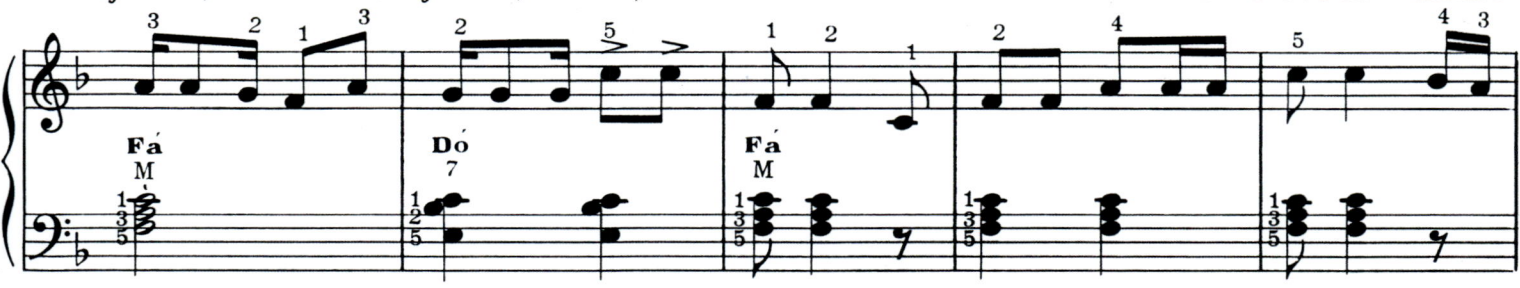

ARRANJO DE MÁRIO MASCARENHAS

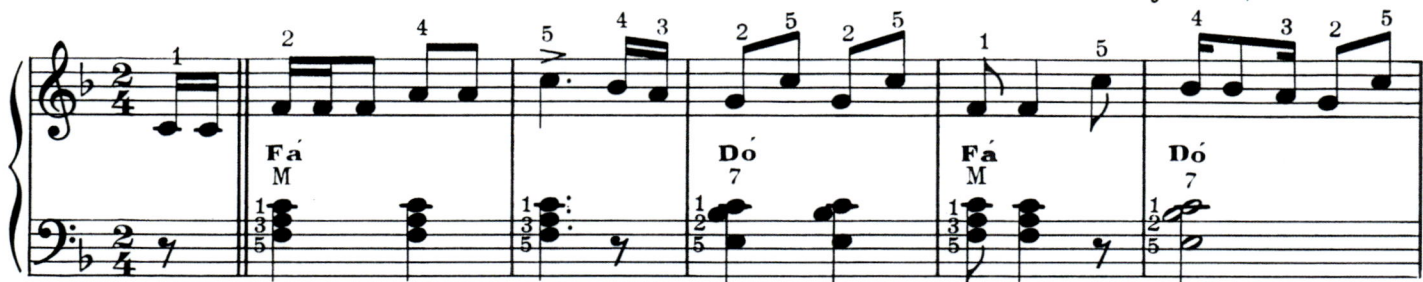

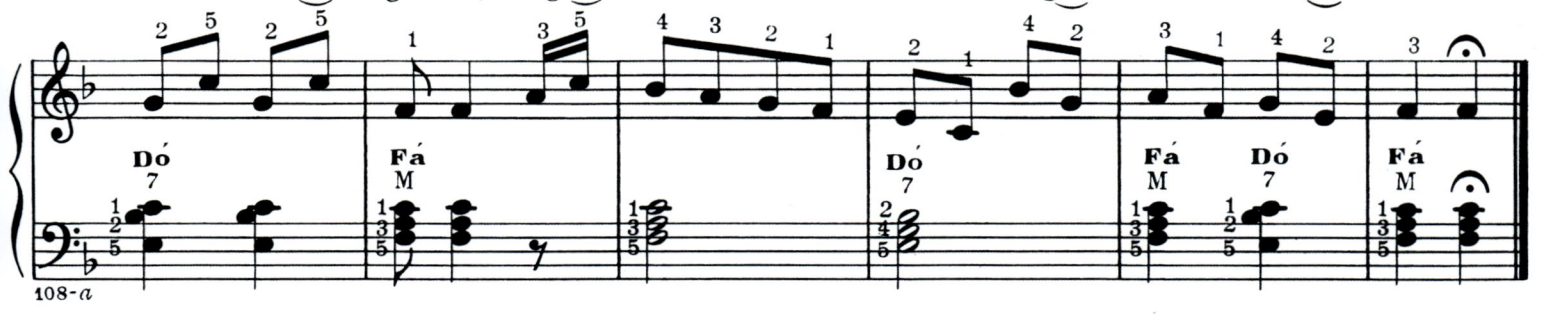

Allegro moderato.

Vai a-bó-bo-ra, vai me-lão! Vai me-lão, vai me-lan-ci-a! Vai jam-bo, Si-nhá! Vai jam-bo, Si-nhá! Vai jam-bo, Si-nhá, bem do-ce! Se-nho-ra Do-na Fu-la-na En-tre nes-ta ro-da a-go-ra; Di-ga um ver-so bem bo-ni-to Di-ga a-deus e vá-se em-bo-ra.

F
Vai abóbora, vai melão!
C7　　　　　**F**
Vai melão, vai melancia!
C7　　　　**F**
Vai jambo, Sinhá! Vai jambo, Sinhá!
C7　　　**F**
Vai jambo, Sinhá bem doce!

F
Senhora Dona Fulana
C7　　　**F**
Entre nesta roda agora;
　　　　　　　　C7
Diga um verso bem bonito
F　　**C7**　**F**
Diga adeus e vá-se embora.

53

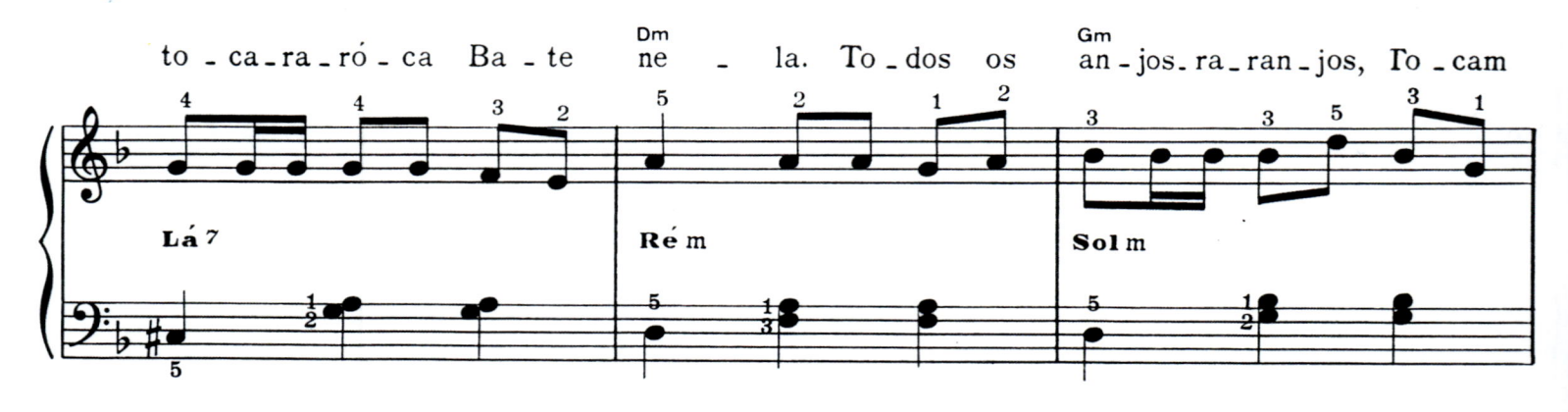

SÃO JOÃO DA-RA-RÃO

ARRANJO DE MÁRIO MASCARENHAS

Allegro.

São João, da-ra-rão, Tem uma gaita-ra-rai-ta; Quando to-ca-ra-ró-ca Bate ne-la. Todos os an-jos-ra-ran-jos, Tocam gaita-ra-rai-ta, Tocam gaita-ra-rai-ta A-qui na ter-ra. Ma-

Moderato

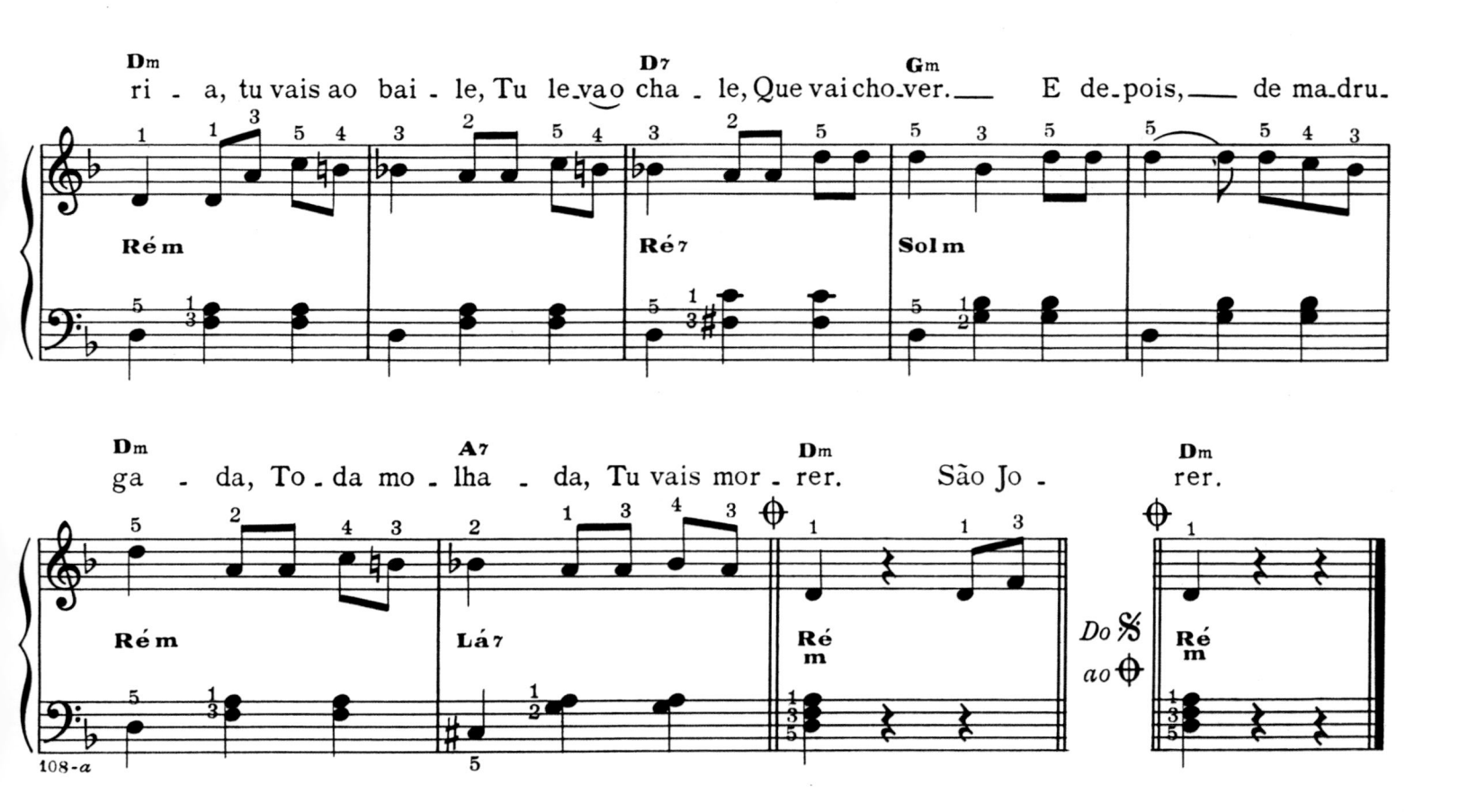

Estribilho:

Dm
São João da-ra-rão,
A7
Tem uma gaita-ra-rai-ta;

Quando toca-ra-ró-ca
Dm
Bate nela.
Gm
Todos os anjos-ra-ran-jos,
Dm
Tocam gaita-ra-rai-ta,
A7
Tocam gaita-ra-rai-ta
Dm
Aqui na terra.

1.

Dm
Maria, tu vais ao baile,
D7
Tu «leva» o chale,
Gm
Que vai chover.
Dm
E depois, de madrugada,
A7
Toda molhada,
Dm
Tu vais morrer.

2.

Dm
Maria, tu vais «casares»,
D7
Eu vou te «dares»
Gm
Os parabéns.
Dm
Vou te «dares» uma prenda,
A7
Saia de renda
Dm
E dois vinténs.

QUASE QUE PERCO O MEU BAÚ

ARRANJO DE MÁRIO MASCARENHAS

Allegretto.

Qua — se que eu per-co o ba — ú, per-co o ba — ú!
Por cau-sa do re-ma-dor, do re-ma-dor.

Qua — se que eu não to-mo o pé, não to-mo o pé!
Que re-mou con-tra a ma — ré, con-tra a ma-ré.

Lento

Fe — liz Ma-mãe, te-nha com-pai-xão, De su — a fi — lhi-nha, do seu do-ce co-ra-ção.

Quase que eu perco o baú, perco o baú!
Quase que eu não tomo o pé, não tomo o pé.
Por causa do remador, do remador
Que remou contra a maré, contra a maré.
Feliz Mamãe, tenha compaixão
De sua filhinha, do seu doce coração.

Quando eu cheguei na ponte, cheguei na ponte
Perguntei quem me salvou, quem me salvou
Respondeu o reservante, o reservante
Foi quem lhe desembarcou, desembarcou.
Feliz Mamãe, tenha compaixão
De sua filhinha, do seu doce coração.

PEZINHO

ARRANJO DE MÁRIO MASCARENHAS

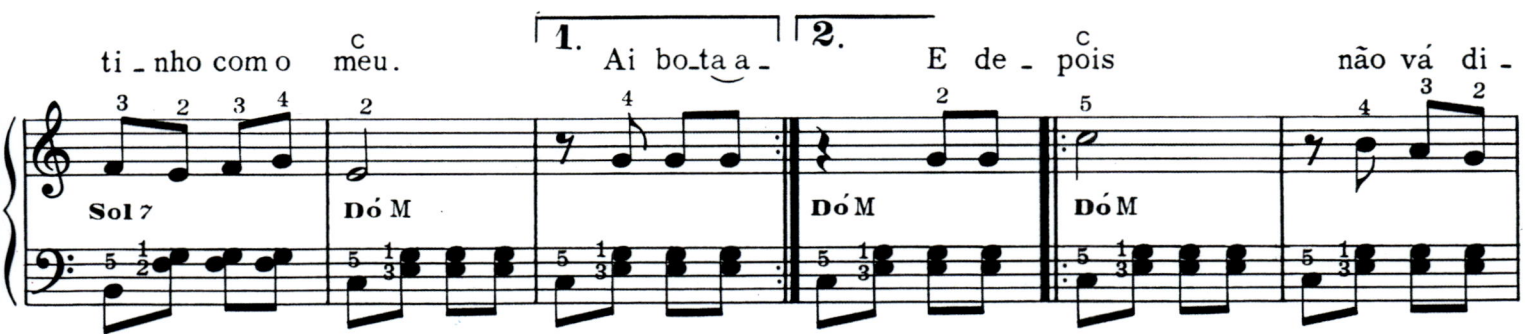

Estribilho:
Bis {
Ai bota aqui, ai bota ali
O teu pezinho
O teu pezinho bem juntinho
Com o meu.
}

Bis {
E depois não vá dizer
Que você já me esqueceu.
}

Bis {
E no chegar desse teu corpo,
Um abraço quero eu.
}

Bis {
Agora que estamos juntinhos,
Dá cá um abraço e uns beijinhos.
}

TUTU MARAMBÁ

ARRANJO DE MÁRIO MASCARENHAS

Moderato. (embalando)

Tu-tu Maramba, Não ve-en-nhas mais cá, Que o pai do me-ni-no te ma-an-da ma-tá. Tu-tu Maram-bá, não ve-en-nhas mais cá, Que o pai do me-ni-no te man-da ma-tá.

Tutu Marambá, não venhas mais cá,
Que o pai do menino te manda matá.
Tutu Marambá, não venhas mais cá,
Que o pai do menino te manda matá.
Dorme engraçadinho pequenino da mamãe,
Que ele é bonitinho e filhinho da mamãe.

ROSA AMARELA

ARRANJO DE MÁRIO MASCARENHAS

Moderato

bis {
Olha a rosa amarela
Rosa!
Tão mimosa e tão bela
Rosa!
}

bis {
Yayá, meu lenço, o Yayá
Para me enxugar, ô Yayá
Esta despedida, ô Yayá
Já me fez chorar, o Yaya
}

MEU LIMÃO, MEU LIMOEIRO

ARRANJO DE MÁRIO MASCARENHAS

Bis
{
Meu limão, meu limoeiro (C)
Meu pé de jacarandá. (G7)
Uma vez, Tindolelê,
Outra vez, Tindolalá. (C)
}

O PASTORZINHO

ARRANJO DE MÁRIO MASCARENHAS

Allegretto

Havia um pastorzinho Que andava a pastorear; Saiu de sua casa E pôs-se a cantar: DÓ RÉ MI FÁ FÁ FÁ DÓ RÉ DÓ RÉ RÉ RÉ DÓ SOL FÁ MI MI MI DÓ RÉ MI FÁ FÁ FÁ. DÓ FÁ.

F		F
Havia um pastorzinho	DÓ-RÉ-MI-FÁ-FÁ-FÁ	Chegando ao palácio
Que andava a pastorear;	DÓ-RÉ-DO-RÉ-RÉ-RÉ	A rainha lhe falou,
Saiu de sua casa	DÓ-SOL-FA-MI-MI-MI	Dizendo ao pastorzinho
E pôs-se a cantar:	DÓ-RÉ-MI-FÁ-FÁ-FÁ	Que seu canto lhe agradou.

SINHÁ MARRECA

ARRANJO DE MÁRIO MASCARENHAS

Moderato

1. Lá vem a Sinhá Marreca Com seu samburá na mão Lá vem a Sinhá Marreca Com seu samburá na mão! Ela disse que vem vendendo Empadinhas de camarão. Ela rão.

Bis { A velha saiu da igreja (Dm / A7)
Com seu samburá na mão. (Dm)
Bis { Chorando porque não tinha (D7 / Gm)
Nem padre, nem sacristão. (A7 / Dm)

Bis { Lá vem seu Chiquinho (Dm / A7)
Dançando o seu miudinho! (Dm)
Bis { Ele dança, ele pula (D7 / Gm)
Ele faz requebradinho. (A7 / Dm)

BALAIO

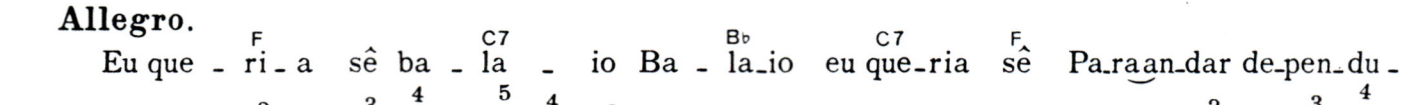

ARRANJO DE
MÁRIO MASCARENHAS

Allegro.

Estribilho:

Eu queria sê balaio
Balaio eu queria sê
Para andar dependurado
Na cintura de você.

Bis { Balaio meu bem balaio, Sinhá
Balaio do coração
Moça que não tem balaio, Sinhá
Bota a costura no chão.

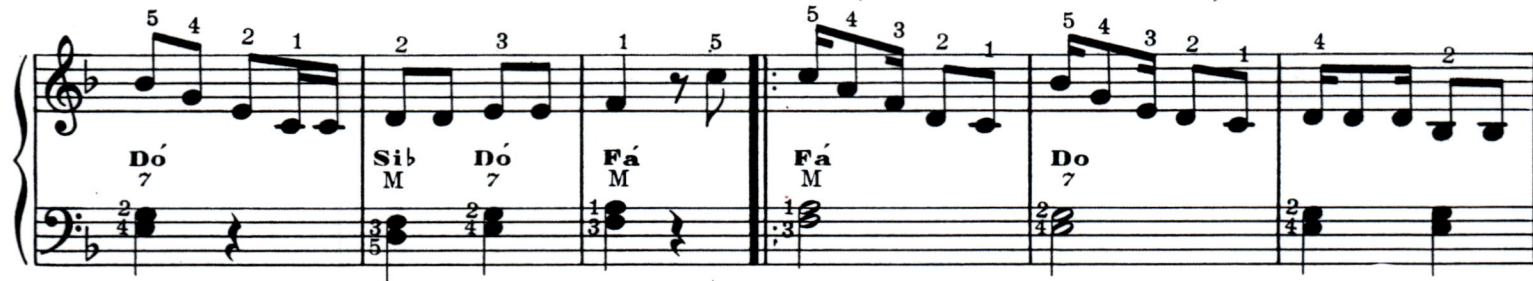

Mandei fazer um balaio
P'ra guardar meu algodão
Balaio saiu pequeno
Não quero balaio não.

CARNEIRINHO CARNEIRÃO

Arranjo de Mário Mascarenhas

Allegro.

Car-nei-ri-nho, car-nei-rão, nei-rão, nei-rão. O-lhai p'ro céu, o-lhai p'ro chão p'ro chão p'ro chão. Man-da El Rei Nos-so Se-nhor, Se-nhor, Se-nhor, Pa-ra nós nos le-van-tar-mos. Car-nei- tar-mos.

Bis
{
Carneirinho, carneirão, neirão, neirão.
Olhai p'ro céu, olhai p'ro chão, p'ro chão, p'ro chão
Manda El Rei Nosso Senhor, Senhor, Senhor
Para nós nos levantarmos.
}

Para finalizar outros versos: sentarmos – deitarmos.

PRENDA MINHA

ARRANJO DE
MÁRIO MASCARENHAS

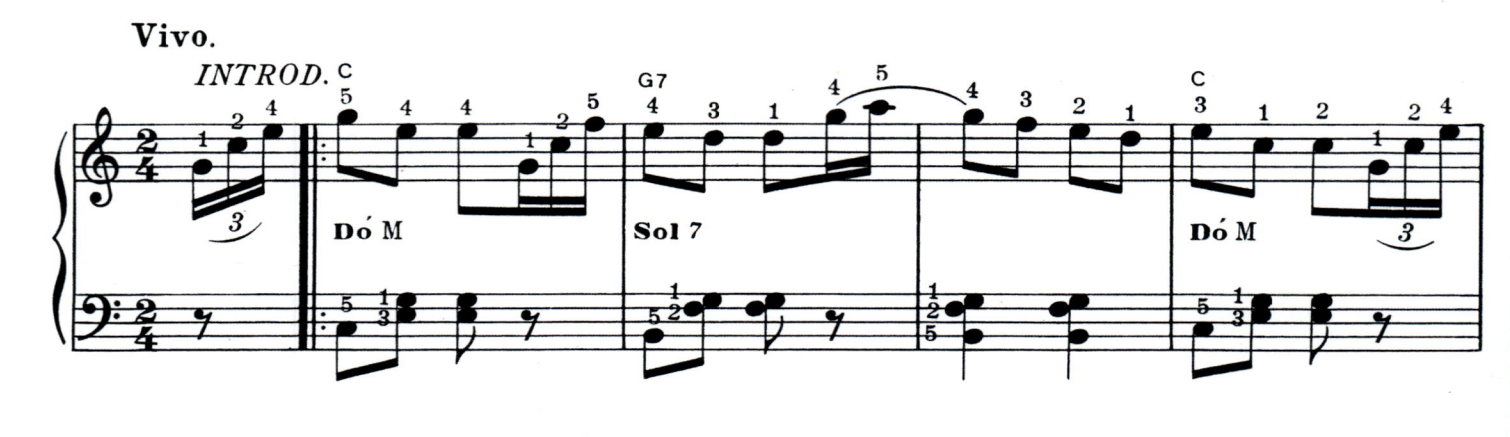

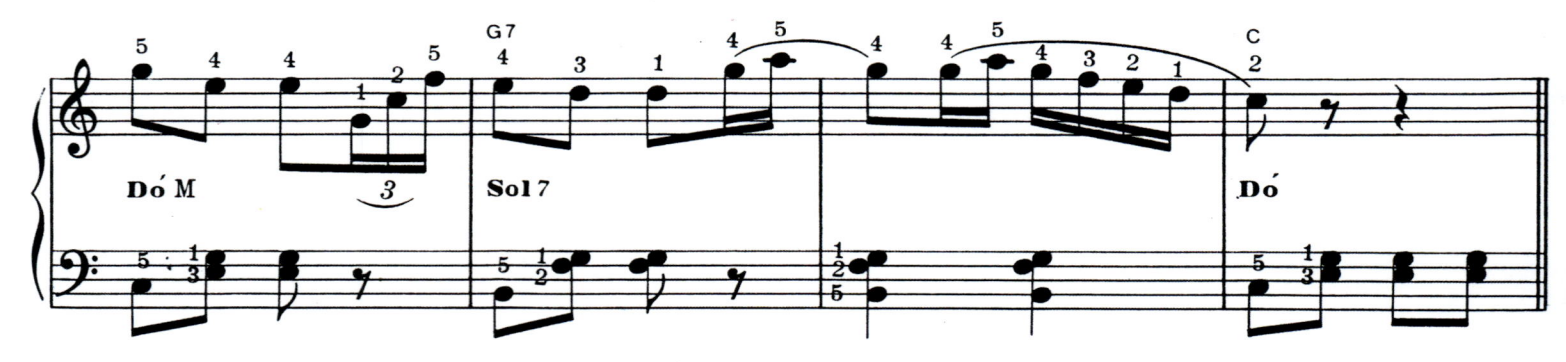

Vivo.
INTROD.

Moderato.
Vou _ me em _ bo _ ra, vou _ me em _ bo _ ra, pren_da mi_nha, Te_nho mui _ to que fa_

Bis { Vou-me embora, vou-me embora, Prenda Minha,
Tenho muito que fazer.

Bis { Tenho d'ir para o rodeio, Prenda Minha,
No campo do bem-querer.

Bis { Noite escura, noite escura, Prenda Minha,
Toda a noite me atentou.

Bis { Quando foi de madrugada, Prenda Minha,
Foi-se embora e me deixou.